职业教育殡葬相关专业系列教材

BINYI FUWU SHIWU

殡仪服务实务

钟 俊 刘 琳 主编
王艳华 主审

·北京·

内容简介

《殡仪服务实务》共分十一章，按照殡仪服务工作流程对殡仪服务实际工作中的必需技能进行编排和细化，具体包括殡仪服务机构，殡仪服务工作，殡仪服务的要求、职业素养及规划，殡仪服务基本技能，殡仪服务准备，接待引导服务，接待洽谈服务，本地遗体接运，跨区域遗体接运，追思告别服务，投诉及纠纷的处理；同时配有课程思政与课件资源（以二维码形式呈现）。

本书旨在讲授实际工作内容与流程，训练岗位技能，培养符合岗位要求的技能人才。

本书可作为职业教育殡葬相关专业师生与殡仪机构员工的教学和培训教材，也可作为殡仪服务机构管理者了解实际工作技能及要求的参考读物，还可以作为各界人士了解殡仪服务工作的基础读本。

图书在版编目（CIP）数据

殡仪服务实务/钟俊，刘琳主编．—北京：化学工业出版社，2021.12
职业教育殡葬相关专业系列教材
ISBN 978-7-122-39975-5

Ⅰ.①殡… Ⅱ.①钟… ②刘… Ⅲ.①葬礼-服务业-中国-职业教育-教材 Ⅳ.①D632.9

中国版本图书馆CIP数据核字（2021）第198914号

责任编辑：章梦婕　刘　哲　李植峰　　　　　　文字编辑：李　曦
责任校对：边　涛　　　　　　　　　　　　　　装帧设计：王晓宇

出版发行：化学工业出版社（北京市东城区青年湖南街13号　邮政编码100011）
印　　装：三河市双峰印刷装订有限公司
787mm×1092mm　1/16　印张9¼　字数214千字　2022年7月北京第1版第1次印刷

购书咨询：010-64518888　　　　　　　　　　售后服务：010-64518899
网　　址：http://www.cip.com.cn
凡购买本书，如有缺损质量问题，本社销售中心负责调换。

定　　价：35.00元　　　　　　　　　　　　　　　　　　　版权所有　违者必究

职业教育殡葬相关专业系列教材

编撰委员会

主　　任　邹文开

副 主 任　何振锋　孙树仁　孙智勇　马　荣　卢　军　张丽丽

委　　员（按照姓名汉语拼音顺序排列）

毕爱胜　樊晓红　郭海燕　何秀琴　何振锋　胡　玲
黄汉卿　姜　笑　林福同　刘　凯　刘　琳　卢　军
吕良武　马　荣　牛伟静　亓　娜　沈宏格　孙树仁
孙智勇　王　静　王立军　魏　童　邬亦波　肖成龙
徐　莉　徐晓玲　余　廷　翟媛媛　张丽丽　赵志国
郑佳鑫　郑翔宇　钟　俊　周卫华　周晓光　朱文英
朱小红　邹文开

职业教育殡葬相关专业系列教材

审定委员会

主　任　赵红岗

副主任　何振锋　孙树仁　肖成龙　孙智勇　朱金龙

委　员（按照姓名汉语拼音顺序排列）

　　　　曹丽娟　何仁富　何振锋　刘　哲　齐晨晖　孙树仁

　　　　孙智勇　王　刚　王宏阶　王艳华　肖成龙　杨宝祥

　　　　杨德慧　杨根来　赵红岗　朱金龙

《殡仪服务实务》编审人员

主　　编　钟　俊　刘　琳

副 主 编　何秀琴　钟家旺　魏加登

编写人员　（按姓名汉语拼音顺序排列）

　　　　　何秀琴（武汉民政职业学院）

　　　　　李　琦（武汉民政职业学院）

　　　　　刘　琳（襄阳市殡仪馆）

　　　　　亓　娜［北京社会管理职业学院（民政部培训中心）］

　　　　　万江洪（武汉民政职业学院）

　　　　　魏加登（重庆城市管理职业学院）

　　　　　张　华（韶关市社会福利院）

　　　　　钟　俊（武汉民政职业学院）

　　　　　钟家旺（武汉民政职业学院）

　　　　　庄哲玮（上海荣寿礼仪服务有限公司）

主　　审　王艳华（福寿园国际集团）

序 一

殡葬服务是基本民生保障工程。随着经济社会的快速发展，人民对美好生活的需求日益提升，百姓对殡葬服务水平和质量提出了更高的要求。"逝有所安"是民生之本。让逝者安息，给生者慰藉，为服务对象提供人文化、个性化服务亟须提上议事日程。目前，我国每年死亡人口上千万，截至2020年底，全国共有殡葬服务机构4201个，殡葬服务机构职工8.6万人。殡葬从业人员的数量和素质势必影响殡葬服务的水平和质量。人民群众对殡葬服务日益高质量、多样化、个性化的需求，给殡葬从业人员提出了更高的要求和期待。

党的十九大报告指出，"完善职业教育和培训体系，深化产教融合、校企合作"，为新时代职业教育发展明确了思路。2019年1月，国务院印发了《国家职业教育改革实施方案》，把职业教育摆在教育改革创新和经济社会发展全局来进行谋划，提出"职业教育与普通教育是两种不同教育类型，具有同等重要地位"。开启了职业教育改革发展的新征程，提出了深化职业教育改革的路线图、时间表、任务书，为实现2035年中长期目标以及2050年远景目标奠定了重要基础。方案中尤其提出"建设一大批校企'双元'合作开发的国家规划教材，倡导使用新型活页式、工作手册式教材并配套开发信息化资源"，更为殡葬相关专业系列教材编写工作指明了方向。

从殡葬教育发展现状来看，我国现代殡葬教育从无到有，走过了二十多年的发展历程。全国现有近十所院校开设现代殡葬技术与管理及相关专业，累计为殡葬行业培养了近万名专业人才，在提升殡葬服务水平和服务殡葬事业发展方面起到了关键作用。殡葬教育取得成绩的同时，也存在诸多问题，如全国设置殡葬相关专业的院校，每年毕业的学生千余名；又如尚未有一套专门面向职业院校学生的教材，不能满足新时代殡葬事业发展的需要，严重制约了殡葬教育的发展和殡葬相关专业人才的培养。

在这样的背景下，北京社会管理职业学院生命文化学院、现代殡葬技术与管理专业教学指导委员会启动了系列教材编写工作，旨在服务于全国各职业院校殡葬相关专业的教学需要和行业从业人员的培训需求。教材编写集结了院校教师、行业技能大师、一线技术能手以及全国近四十家殡葬企事业单位。多元力量的参与，有效保障了系列教材在理论夯实的同时保证案例丰富、场景真实，使得教材更加贴近生产实践，具有更强的生命力。将系列教材分为三批次出版，有效保障了出版时间的同时深耕细作、与时俱进，使得教材更加紧跟时代发展，具有更强的发展性。本套教材是现代殡葬教育创办以来首套专门为职业院校学生和一线从业人员编写的校企一体化教材。它的编写回应了行业发展的需要以及国家对职业教育发展的定位，满足了殡葬相关专业职业教育的实践需求，必将有效提升殡葬人才的专业素质、服务技能以及学历水平，对更新和规范适应发展的专业教学内容、完善和构建科学创新的专业教学体系、提高教育教学质量、深化教育教学改革起到强有力的促进作用，也将推动殡葬行业的发展，更好地服务民生。

在这里要向为系列教材编写贡献力量的组织者和参与者表示敬意和感谢。感谢秦皇岛海涛万福环保设备股份有限公司、石家庄古中山陵园、天津老美华鞋业服饰有限责任公司等几家单位，积极承担社会责任，资助教材出版。

希望本系列教材能够真正成为殡葬职业教育的一把利器，推进殡葬职业导向的教育向更专业、更优质发展，为培养更多理论扎实、技艺精湛的一线高素质技术技能人才做出积极贡献，促进殡葬教育和殡葬行业健康快速发展。

全国民政职业教育教学指导委员会副主任委员
北京社会管理职业学院党委书记
邹文开

序 二

生死是宇宙间所有生命体的自然规律。殡葬作为人类特有的文明形式，既蕴含着人文关怀、伦理思想，又依托于先进技术与现代手段。我国的现代殡葬技术与管理专业自20世纪90年代创立，历经20多年的发展，已培养上万名殡葬专业人才，大大推进了我国殡葬事业的文明健康发展。然而，面对每年死亡人口上千万、治丧亲属上亿人的现实，全国殡葬专业每年的培养规模不足千人，殡葬专业人才供给侧与需求侧结构性矛盾突出。要解决这一矛盾，就必须不断提升人才培养的能力，切实加强推进殡葬专业建设。

格林伍德在《专业的属性》一书中指出，专业应该具有的特征包括"有一套系统的理论体系；具有专业权威性；从业者有高度认同的价值观；被社会广泛认可；职业内部有伦理守则"。这样看来，殡葬教育要在职业教育层面成为一个专业，教材这个"空白"必须填补。目前，我国尚没有一套专门面向职业院校的殡葬专业教材。在教学实践中，有的科目开设了课程但没有教材，有的科目有教材但内容陈旧，严重与实践相脱离。目前主要应用的基本是自编讲义，大都沿用理论课教材编写体系，缺少行业环境和前沿案例，不能适应实际教学需要。

加强教材建设、厘清理论体系、提升学历层次、密切产教融合，真正做实做强殡葬职业教育，培养更多更优秀的殡葬专业人才，以此来回应殡葬行业专业化、生态化高速优质发展的需要，以此来回应百姓对高质量、个性化、人文化殡葬服务的需求，这是教育工作者义不容辞的使命。"建设知识型、技能型、创新型劳动者大军""大规模开展职业技能培训，注重解决结构性就业矛盾"，十九大报告为职业教育发展指明方向。"职业教育与普通教育是两种不同教育类型，具有同等重要地位""建设一大批校企'双元'合作开发的国家规划教材"，《国家职业教育改革实施方案》为职业教育发展圈出重点。

"殡葬"不仅要成为专业，而且殡葬专业是关系百姓"生死大事"、关系国家文明发展的专业。我们要通过殡葬人才培养，传导保障民生的力量；要通过殡葬人才培养，传播生态文明的观念；要通过殡葬人才培养，弘扬传统文化的精神。而这些作用的发挥，应当扎扎实实地落实在教材的每一章每一节里，应当有的放矢地体现在教材的每一字每一句中。就是带着这样的使命与责任，就是怀着这样的情结与期待，现代殡葬技术与管理专业教学指导委员会启动了"职业教育现代殡葬技术与管理专业系列教材"的编写工作。计划分三批次出版面向职业院校学生和一线从业人员的殡葬专业系列教材。教材编写集结了殡葬专业教师和来自一线的行业大师、技术能手，应用了视频、动画等多媒体技术，实行了以高校教师为第一主编、行业专家为第二主编的双主编制。2018年4月，在北京社会管理职业学院召开第一次系列教材编写研讨会议；2018年7月，在黑龙江民政职业技术学校召开第二次系列教材编写研讨会议；2018年10月，在北京社会管理职业学院召开第一次系列教材审定会议；2019年4月，在北京社会管理职业学院召开第二次系列教材审定会议；2019年12月，在北京社会管理职业学院召开第三次系列教材审定会议；2022年3月10日，由于疫情影响，以线上会议的方式召开系列教材推进研讨会，明确了教材最终出版的时间要求。踩住时间节点，强势推进工作，加强沟通协调，统一思想认识。我们在编写力量、技术、过程上尽可能地提高标准，旨在开发出一套理论水平高、实践环境真实、技能指导性强，"教师乐教、学生乐学、人人皆学、处处能学、时时可学"的教学与培训用书。殡葬系列教材编写一方面要符合殡葬职业特点、蕴含现代产业理念、顺应新时代需求、传承优秀传统文化，从而优化专业布局和层次结构，另一方面应体现"政治性""文化性""先进性"和"可读性"的原则，全面推进素质教育，弘扬社会主义核心价值观，培养德、智、体、美、劳全面发展的社会主义事业建设者和接班人。

希望此次系列教材的推出能够切实为职业教育殡葬专业师生及行业一线从业人员的学习研究、指导实践提供支持，为提高教育教学质量、规范教学内容提供抓手，为锻炼师资队伍、推动教育教学改革做出贡献，为发展产业市场、提升服务水平贡献人才。

在此特别感谢秦皇岛海涛万福环保设备股份有限公司、石家庄古中山陵园、天津老美华鞋业服饰有限责任公司三家单位，他们都是行业中的佼佼者。他们在积极自我建设、服务社会的同时，以战略的眼光、赤子的情怀关注和支持殡葬教育，为此次系列教材编写与出版提供资金支持。感谢化学工业出版社积极参与教材审定，推动出版工作，给予我们巨大的支持。

现代殡葬技术与管理专业教学指导委员会常务副主任委员
北京社会管理职业学院生命文化学院院长
何振锋

前言

近年我国殡葬事业和殡仪教育发展迅速，但专业书籍相对较少，为此，本着以"实用够用、规范可操作"为原则，立足于编写行业内实用的、操作性强的实务教材，武汉民政职业学院、重庆城市管理职业学院、北京社会管理职业学院，以及广东省韶关市社会福利院、上海荣寿礼仪服务有限公司及湖北省襄阳市殡仪馆等多家单位一起编写了这本《殡仪服务实务》，力争使教材能适应我国南北院校及单位的需要，做到不偏不倚。

在内容选择上，本教材依照殡葬单位殡仪服务工作流程及殡仪服务实际工作中需要的技能进行编排和细化，先从殡仪服务工作认知和工作流程入手，再按顺序展开各服务项目：工作准备、引导服务、接待洽谈、遗体接运、追思告别、处理投诉及纠纷等，方便读者学习与查阅。

本书旨在讲授实际工作内容与流程，训练岗位技能、培养符合岗位要求的技能人才。本书可以作为殡仪机构员工和现代殡葬技术与管理专业学生的学习和培训教材，也可为殡仪服务机构管理层了解员工实际工作技术及要求提供参考，还可以作为社会各界了解目前殡仪服务员主要从事的工作的读本，为社会打开一扇殡仪服务之窗。

本书第一章由魏加登编写，第二章由李琦编写，第三章由万江洪编写，第四章由亓娜编写，第五章由钟俊、亓娜编写，第六章由刘琳、何秀琴编写，第七章由张华、李琦编写，第八章由何秀琴、钟家旺编写，第九章由钟家旺、魏加登编写，第十章由万江洪、庄哲玮编写，第十一章由钟俊编写。全书由王艳华主审。

由于作者水平有限，书中难免有一些不足之处，恳请读者批评指正。

编者
2021 年 12 月

目录 CONTENTS

第一章 殡仪服务机构

第一节 殡仪馆 ... 001
第二节 骨灰堂 ... 003
实训一 调查分析殡仪服务机构 ... 007

第二章 殡仪服务工作

第一节 殡仪服务 ... 010
第二节 殡仪服务流程 ... 016

第三章 殡仪服务的要求、职业素养及规划

第一节 殡仪服务人员的基本工作 ... 022
第二节 培养殡仪服务职业素养及职业规划 ... 025

第四章 殡仪服务基本技能

第一节 感知客户心理 ... 033
第二节 建立客户关系 ... 035

第五章 殡仪服务准备

第一节 殡仪服务人员个人准备 ... 039
第二节 工作环境与物品准备 ... 044
实训二 个人服务礼仪训练 ... 046

第六章 接待引导服务

第一节 辨识与了解客户 ... 052
第二节 引导服务 ... 055
实训三 接待、引导服务训练 ... 059

第七章 接待洽谈服务

第一节 洽谈服务项目 ... 062
第二节 用品介绍 ... 068
第三节 服务合同签订 ... 071

第八章　本地遗体接运

第一节　遗体接运工作与接运车 ········ 075
第二节　一般遗体接运 ········ 078
第三节　非正常死亡的遗体接运 ········ 085

第九章　跨区域遗体接运

第一节　国内跨区域遗体接运 ········ 088
第二节　国际遗体运送 ········ 094

第十章　追思告别服务

第一节　追思告别活动策划 ········ 100
第二节　追思告别活动布置 ········ 106
第三节　追思告别活动组织 ········ 110

第十一章　投诉及纠纷的处理

第一节　投诉处理 ········ 118
第二节　殡葬纠纷处理 ········ 128

参考文献

第一章 殡仪服务机构

课程思政资源

根据民政部统计，截至 2020 年底，全国共有殡葬服务机构 4201 个，其中殡仪馆 1722 个，殡葬管理机构 856 个，民政部门管理的公墓 1536 个。殡葬服务机构职工 8.6 万人，其中殡仪馆职工 4.6 万人；火化炉 6619 台，火化遗体 555.8 万具。❶ 随着殡葬事业的发展，大、中城市的殡仪服务站、骨灰堂、殡仪服务公司、殡仪设备及殡葬用品的生产与销售单位正大量涌现，因此只有认识殡仪服务机构，才能做好殡仪服务工作。

中华人民共和国成立 70 多年来，我国已建立起基本的殡仪服务体系。

殡仪服务机构是提供临终关怀、殡葬礼仪策划和代办、遗体火化、骨灰寄存、墓地咨询、骨灰安葬、殡葬用品售卖、涉外殡葬业务等殡葬服务的场所，主要包括殡仪馆、公墓、骨灰堂、殡仪服务站以及殡仪服务公司等。

殡仪馆是为客户提供遗体消毒、清洗、更衣、接运以及追思悼念活动，还有遗体防腐、整容、火化等服务的殡仪服务机构。我国殡仪馆是各地区民政部门下设的公益性殡葬事业单位。殡仪馆还会根据客户需求，提供订购棺木、骨灰盒、鲜花等服务。馆内一般设有业务厅、灵堂、休息室、遗体告别室等服务场所。

骨灰堂是为城乡居民提供骨灰安放的公共服务场所，分公益性骨灰堂和经营性骨灰堂两类。公益性骨灰堂是为当地所属辖区居民提供骨灰安放服务的公共场所，不可对辖区以外的居民提供安葬地；经营性骨灰堂是为城镇居民有偿提供骨灰安放服务的公共场所。

殡葬服务公司一般是经民政部门批准、工商行政管理局注册、具有独立法人资格的服务公司，主要从事融临终关怀、遗像制作、殡仪策划、殡仪执行、灵堂搭建、殡葬礼仪服务、祭奠服务及公墓销售为一体的大型综合性服务单位。

第一节 殡仪馆

> **学习目标**

1. 了解现有殡仪馆的内部功能分区。
2. 掌握殡仪馆的服务功能。

2020 年底，全国有殡仪馆 1722 家，其中北京、上海的主要殡仪馆见表 1-1。

表 1-1 北京、上海主要殡仪馆名称表

北京	八宝山殡仪馆	东郊殡仪馆	门头沟殡仪馆	房山区殡仪馆
	大兴区殡仪馆	通州区殡仪馆	顺义区殡仪馆	平谷区殡仪馆
	密云殡仪馆	怀柔殡仪馆	延庆殡仪馆	昌平殡仪馆

---

❶ 民政部. 2020 年民政事业发展统计公报.

续表

上海	龙华殡仪馆	宝兴殡仪馆	益善殡仪馆	闵行区殡仪馆
	浦东新区浦东殡仪馆	浦东新区南汇区殡仪馆	奉贤区殡仪馆	宝山区殡仪馆
	青浦区殡仪馆	金山区殡仪馆	松江区殡仪馆	嘉定区殡仪馆
	崇明区殡仪馆	崇明区长兴殡仪馆	崇明区横沙殡仪馆	

其他省（自治区、直辖市）的殡仪馆可以在网上查找。

一、殡仪馆的服务功能

虽然不同的殡仪服务机构所提供的具体殡仪服务项目各不相同，但从整体上看，殡仪服务的项目主要分为下列十一个方面：专项咨询与接待服务、遗体收殓与接运服务、遗体防腐服务、遗体整容服务、殡仪文书服务、追思悼念服务、殡葬用品销售服务、遗体火化服务、租赁服务、骨灰寄存服务以及殡仪信息服务等。我们重点介绍以下几项服务。

1. 殡仪文书服务

殡仪文书是指有关殡仪活动的书面语言或实用文体。在殡仪活动中信息和思想感情的交流既要通过口头语言表达，也要通过殡仪文书表达。殡仪文书表达更加全面详尽，更有纪念意义。在办理丧事的各阶段，都要使用殡仪文书。殡仪文书既是殡仪活动的产物，也是殡仪活动的书面记录。常用的殡仪文书有遗嘱、死亡证明、讣告、唁电、唁函、挽联、悼词、答谢词、碑文、祭文等。

2. 追思悼念服务

追思悼念服务指通过遗体守灵、告别、开追悼会、送花圈、送花篮、戴黑纱、戴白花等活动或仪式来表达对逝者的哀思。在悼念过程中，通过悼念活动、仪式场景、音乐和环境的策划与布置，充分表达丧亲者的深情厚谊。追思悼念服务包括现场祭奠、网上祭奠、客户代祭等，也包括家祭、公祭等。

3. 殡葬用品销售服务

殡葬用品销售服务指出售花圈、寿衣（遗体服饰）、骨灰盒、卫生棺、黑纱、鲜花等各类殡葬用品。殡葬用品是殡仪活动中使用的各类物品的总称，包括遗体处理用的殡葬用品和哀悼用的殡葬用品，还包括纪念性殡葬用品和保护性殡葬用品。

4. 租赁服务

租赁服务包括提供移动式遗体冷藏棺、冷冻柜等殡仪设备的租赁，告别厅、冷藏间、花圈的租赁，以及墓地和骨灰寄存格位等的租用服务。

5. 殡仪信息服务

殡仪信息服务是殡仪服务机构通过电话、书报、广播、电视、网络等媒体将殡仪方面的新闻、知识、技能传递给广大群众的一项服务工作，对于广大群众了解殡仪以及塑造殡仪行业形象，提高全民殡仪方面的素质有重要作用。殡仪服务机构可以宣传殡仪改革与相关法规，宣传殡仪领域技术标准，进行殡仪专业教育及殡仪专项技能培训，开展技术交流和学术研讨等，从而推动殡仪行业的整体发展。

有条件的殡仪服务机构应该为殡仪服务对象提供国际遗体运送、异地运送、殡仪活动的录像摄影与刻盘、艺术墓设计等一系列个性化服务，为殡仪服务对象排忧解难。殡仪馆还应开展力所能及的心理抚慰活动，在工作时对殡仪服务对象给予情绪上的支持和心理疏导，缓解其身心痛苦，使其早日从悲痛中解脱出来。

二、认识和考察殡仪馆

要认识殡仪馆，就必须对殡仪馆内部的各功能分区进行实地考察。

1. 考察前的准备工作

通过网络、书籍、报纸等初步了解殡仪馆内部的功能分区，准备好相关考察工具。

2. 殡仪馆各功能分区实地考察

在实地考察中，可以通过查找资料、看图片、殡仪馆工作人员介绍、实地观察等手段对各功能分区的情况进行认识。

复习思考题

1. 了解我国各地殡仪馆基本情况。
2. 简述殡仪馆的服务功能。

第二节　骨灰堂

学习目标

1. 了解骨灰堂的类型。
2. 掌握骨灰寄存注意事项。

各级政府非常重视骨灰堂管理，国务院办公厅、民政部等16个部门制定了《关于进一步推动殡葬改革促进殡葬事业发展的指导意见》等，各地也颁布了地方性文件，如2005年广东省民政厅发布的《广东省民政厅骨灰安放管理暂行规定》、2018年江苏省常熟市的《常熟市骨灰堂管理办法》、2019年福建省民政厅、省财政厅联合印发的《乡村公益性骨灰楼堂建设省级奖补专项资金管理办法》等。下面让我们一起来了解现代骨灰堂。

一、骨灰安放方式

我国倡导火葬，推行骨灰处理多样化，以骨灰寄存的方式以及其他不占或少占土地的方式处理骨灰为主，倡导骨灰树葬、花葬、草坪葬、撒散。

目前，骨灰安放方式主要有以下几种。

（1）存放于经有关部门批准兴建的殡仪场所，如殡仪馆、火葬场设置的骨灰楼（骨灰墙、骨灰廊）、公益性公墓（城市或农村）、经营性公墓。很多地方鼓励兴建公益性骨灰楼堂，严格控制公益性公墓的发展，以达到"节约用地，方便群众"的目的。

（2）由殡仪管理部门统一组织，采用海葬、树葬、草坪（花坛）葬等环保形式进行处理。

（3）偏远山区村庄的骨灰可以在经当地政府批准的荒山瘠地深埋，不留坟头（可立碑）。

（4）存放于住宅。丧属要求自行存放于住宅的骨灰，丧属领取骨灰必须承诺做到该骨灰不建坟、不二次土葬。殡仪管理单位要定期跟踪检查该骨灰的存放情况。

二、骨灰堂的建立及管理要求

1. 建立骨灰堂

骨灰堂占地面积较小，存放骨灰费用较低，有些是免费的，一般是每年20~100元，带空调的高档骨灰室一年也只要200元。可存1~20年，期满还可以续期。

骨灰堂不仅能解决骨灰安放问题，节约土地资源，还能在很大程度上降低森林火灾的发生率，也能为人们祭祀提供方便。我国加大投入，科学布局，推进骨灰存放集中化，按照"安全、实用、简约、美观"的原则，统筹建立骨灰堂，一些地方采取一次性建设补助、骨灰入堂补助等激励措施加以引导，加快建设骨灰堂、骨灰塔、骨灰阁等，以满足不同习俗、不同信仰群众的骨灰安放需求。

2. 骨灰堂功能分区

骨灰堂分为综合服务区、骨灰存放区。

（1）综合服务区　功能划分如下。

① 入口大厅。包括接待咨询、业务登记、等候休闲等功能区。

② 休息区。考虑到祭祀、追思、悼念的需要，室内应当设置人性化休闲氛围，平均每500个格位设一个10~20平方米休息区。考虑到老弱病残人等的需求，可以安排单独的休息区。

③ 洗手间。最好在每层设两个洗手间。

④ 追悼及告别厅。告别厅2~3个。

⑤ 会议室及管理室。一般为会议室1~2个，管理室1~2个。

⑥ 监控室及档案室。监控室可以和管理室合并在一起，档案室大小应能满足存放需要。

（2）骨灰存放区　功能划分如下。

① 存放区。

A. 单穴：宽500毫米，高380毫米，深425毫米。

B. 双穴：宽825毫米，高380毫米，深425毫米。

C. 存放室内至少设双通道，通道宽度不短于1.8米，存放柜通道不短于1.5米。

D. 存放室出口与入口分开，主楼梯宽度不短于3.9米，人员出入存放楼路线尽量形成循环通道。

② 库房。用于满足堆放杂物所需。

③ 层数、层高。根据相关规范，骨灰存放堂最佳层数为3层，层高为3.5~4.2米。存放架高度为3层、5层或7层，以单数为宜。

3. 骨灰堂的管理

（1）按照"属地管理"原则管理 由当地政府民政部门主管，日常事务一般由地区殡仪管理所负责。每年第一季度对骨灰堂上一年度的工作进行全面检查，及时纠正、整顿、处理违法行为。

（2）签订服务合同，健全内部管理制度 骨灰堂应遵守殡仪行业规范，建立规范、完善的骨灰安置管理制度。开展业务时，应核查服务对象的有效证件，验明骨灰身份来源。骨灰堂内部应在明显地段设置告示牌、宣传牌、指路牌、警示牌等，营造良好的殡仪文化氛围，方便群众办丧祭扫。

（3）配备专业专职工作人员 骨灰堂应视规模大小设置管理机构及专职管理人员，加强对骨灰堂的行政、业务、财务、环境设施、安全的管理和维护。骨灰堂负责人及有关工作人员必须佩戴工作证上岗，必须接受业务培训，不断提高殡仪服务业务素质。

（4）公益性骨灰堂禁止盈利或从事其他违法活动 公益性骨灰堂不得开展以营利为目的的经营性收费，禁止公益性骨灰堂（公墓）擅自决定收费项目和标准。同时，要做好收费公示工作，向群众公开所有收费项目和标准。严禁公益性骨灰堂进行墓穴、格位预售、传销、转让、买卖等违法行为。

（5）严格安全制度 按照规定工作流程和需要的证件存放和领取骨灰，到指定区域祭拜，对放回的骨灰要核对检查。骨灰不再寄存时，凭有效证件办理，并收回骨灰安放证，骨灰安放证明（存根）见表1-2。

表1-2 骨灰安放证明（存根）

逝者姓名		性别		火化时间	
身份证号			家庭住址		
亲属签字		与逝者关系		联系电话	
骨灰安放地点					
村委会意见	经办人签名： 村委会(盖章) 年 月 日		乡镇意见	驻村干部签名： 乡镇(盖章) 年 月 日	

三、骨灰寄存服务流程

1. 骨灰寄存服务流程图

在殡仪馆，遗体被火化后，对于骨灰一般有三种处理方式：一是客户委托殡仪服务单位寄存骨灰；二是将骨灰直接进行安葬；三是客户将骨灰带回自行安葬。其中，寄存骨灰是现阶段骨灰处理的主要方式。提供安全可靠的骨灰寄存服务，是殡仪服务机构的主要职责之一，客户在寄存骨灰的同时，也寄托了对逝者的哀思。骨灰寄存服务主要包括骨灰收取、保管和档案管理三个方面，骨灰寄存服务流程见图1-1。

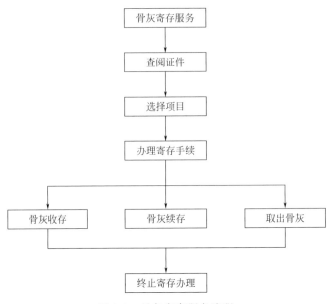

图1-1 骨灰寄存服务流程

2. 骨灰寄存注意事项

（1）骨灰堂的骨灰寄存费一般按年收取，每年20～200元，最长寄存期限为20年，寄存期满后可以续存。

（2）寄存骨灰需履行以下手续：在工作人员的陪同下确认寄存位置；由家属填写登记表，确认骨灰寄存合同书并签字，合同书一式两份，一份由公司存档备案，另一份由客户保存。

（3）如需调整骨灰存放位置，需持骨灰寄存合同及经办人身份证到骨灰堂办理。

（4）对于骨灰领回，凭骨灰寄存合同和经办人身份证，经管理员核对后方能领回骨灰，此时骨灰寄存合同自行解除。

（5）骨灰祭拜客户凭骨灰寄存合同进入骨灰堂，领取骨灰到园区指定地点进行祭拜。

（6）骨灰寄存格内不准放置贵重物品，如有遗失，骨灰堂概不负责。

（7）严禁在骨灰寄存格内放置易燃、易爆、易腐物品，以保证寄存环境整洁、安全。

（8）清明、寒衣节、春节期间前往骨灰堂祭奠的亲友较多，应遵守相关管理规定并服从工作人员的指挥，按顺序领取骨灰，不得拥挤。

复习思考题

1. 骨灰安放方式有哪些？
2. 简述骨灰堂建立要求。
3. 简述骨灰堂管理要求。

实训一　调查分析殡仪服务机构

实训目标

1. 掌握当前殡仪服务机构的类型。
2. 通过调查殡仪服务机构的组织结构进行有针对性的分析。

一、调查分析前的准备工作

（1）确定调查目的。
（2）确定调查对象和单位。
（3）拟定调查提纲。
（4）绘制调查统计表格。
（5）制订调查实施计划。调查实施计划是保证调查工作顺利开展的重要依据，主要内容包括以下几个方面。

第一，确定调查时间，即要确定资料所属的时期或时点以及调查期限。

第二，规定调查地点。调查地点是登记调查资料的地点。

第三，要做好调查前的准备工作。在确定调查的组织机构、参加调查单位和人员的同时，要做好调查前的各项准备工作，尤其是进行大范围的综合性调查时，应进行调查前的人员培训、宣传教育、文件准备、表格绘制、开支预算等准备工作。对于规模较大而又缺少经验的调查，则还应进行小范围的试点调查，以便从中汲取经验，以此来验证原定调查方案是否正确。同时，要根据试点工作情况，从中发现新的情况和应注意的问题，及时对调查方案做出必要的补充和修正。

二、进行殡仪服务机构调查

1. 问卷调查

问卷调查一般都采用非全面调查方法，分为自填式、访谈式。自填式问卷调查一般可由单位组织发送或通过邮局邮寄，还可以通过网络发放问卷等。不过出于对被调查人的尊重，最好是由单位发送。访谈式问卷调查则是由问卷人当面同调查人以"一问一答"的方式进行，这种方式往往更直接、快捷，但其准确程度则往往稍低于自填式问卷调查。

2. 普查

普查也称全面调查，即对构成调查对象总体的所有人员都加以调查。全面调查的优点是能够获得较为全面和准确的原始资料，其缺点是耗资大、用时长，而且难以满足分析新情况、新问题的需要。因此，在资料收集中，除对最有必要且又基本的统计指标采用普查的方法外，其他情况一般不采用这种调查形式。

3. 重点调查

如果调查任务只要求掌握基本情况，就可以采用重点调查的方式，即选择一部分重点单位或问题进行调查。重点调查的关键是选择和确定调查的重点单位。采用重点调查的组织方式，可以组织专门调查，也可以绘制报表，并将其发送到部分重点单位进行填报。

4. 典型调查

典型调查就是根据调查的目的和要求，有意识地选择一些具有代表性的典型单位，进行周密、系统、深入的调查。典型调查能否取得良好效果，关键在于对典型单位的选择。对典型单位的选择，通常采用划类选点的方法，如最先进的或最落后的、规模最大的或规模最小的、最节俭的或最奢侈的等。对于资料的收集方法，可根据调查的目的和要求，采取开调查会、个别访问、查阅资料、发放表格等多种形式。在调查中，也可交替使用多种方法，以取得既有数据又有情况的全面资料。

5. 抽样调查

抽样调查作为一种科学的统计调查方法，目前我国乃至世界各国都在广泛应用。

另外，在资料收集中还可以采用观察收集法、报告收集法、采访收集法、测验收集法和计量收集法等。

三、资料的审核与汇总

调查资料的审核和汇总是指对各种统计调查所收集到的原始资料进行去粗取精、去伪存真的科学加工和整理，使之系统化、条理化。调查资料的审核和汇总是调查与统计分析工作的中间环节，起着承前启后的重要作用。对于这一过程，可以理解为对调查统计的原始材料进行加工制作，使之形成统计产品的生产过程。

1. 调查资料的审核

审核工作包括审核资料的时效性、完整性和准确性三部分。其中，审核资料的时效性，就是看调查人员是否按规定的时间及时对被调查人员和单位进行了调查，填表单位是否及时将调查资料进行了上报。任何一个单位或人员的迟报或不报，都会影响整个汇总整理工作。审核资料的完整性，主要是看被调查单位和所需调查内容、项目是否齐全，是否做到了单位不缺、人员不漏、调查统计表不少，要做到调查内容不缺页、错项。审核资料的准确性是审核工作的中心，主要方法有逻辑审查和计算审查两种。逻辑审查是根据指标的相互联系，检查资料有无不合理或相互矛盾的地方。计算审查是从各个指标的计算方法和计算结果上检查有无差错。

在调查资料审核中，为了确保审核工作的准确无误，应采用多种方式进行审核。可以使用以下几种常用的审核方法。

一是互审。即资料报送人之间或责任整理人之间进行相互审查，或由资料报送人与责任整理人之间进行互审，这样将有助于检查出当事人难以察觉的错误。

二是复查。即对已报送和填报的资料，要用全部抽查或部分抽查方法，对原始记录进行重新核对，从而查出报送资料的差错率，对原来的结果进行修正。这种方法在进行一次性调查和月报质量检查中常用。

三是进行平衡。即找出有数量关系的指标，建立等式，并利用这种等式关系检查数据的正误。

2. 调查资料的整理

调查资料的整理是指根据调查任务研究的要求，对调查所取得的原始资料进行科学的分类和汇总，为下一步的分析提供系统化、条理化的综合调查资料的工作过程。

3. 调查资料的汇总

调查资料的汇总是调查资料整理的继续，它的任务主要是将调查资料按不同类别归纳到不同组别之中，并认真计算各组别及总体的调查统计数据、数值，使原始调查资料转化为综合资料。资料汇总的内容主要包括汇总前后的资料审核、汇总方式和汇总技术方法等。

四、编写调查统计分析报告

编写殡仪服务机构调查统计分析报告，是进行调查统计分析的最后一个步骤。在对调查统计资料进行了认真、细致的分析之后，应将分析结果形成一份综合性或专题性书面材料，以供上级领导及有关部门参考使用。这也就是我们要说的统计分析报告。这个报告编写的成功与否，直接影响整个分析的质量，影响为上级提供资料的准确性、可靠性，因此应认真加以对待。

（1）调查统计分析报告的结构。其一般由基本情况、成绩和经验、问题及原因、建议或措施等几部分组成。

（2）调查统计分析报告的编写要求。为了更好地说明问题，使统计分析报告更具有说服力，编写调查统计分析报告时，应力争做到主题鲜明、观点明确、资料翔实、数据准确、语言生动、文字简洁。

实训思考

1. 编写调查提纲的要点是什么？
2. 编写调查资料汇总表。
3. 如何编写一份翔实可靠的调查统计分析报告？

PPT课件

第二章 殡仪服务工作

课程思政资源

第一节 殡仪服务

> **学习目标**
> 1. 了解殡仪服务类型。
> 2. 掌握殡仪服务宗旨,并能在殡仪服务中体现该宗旨。
> 3. 掌握殡仪服务三大基本原则。

一、殡仪服务的含义及类型

殡仪服务是一种特殊服务,是殡仪服务单位运用殡仪设施、设备和丧葬用品为客户提供服务的所有项目和内容的总称,包括遗体消毒、遗体接运、遗体清洗更衣、遗体冷藏、灵堂布置、遗体整容、遗体告别、遗体火化、骨灰安葬和祭祀等具体服务。现代殡仪服务是专业性、技术性的活动,要采用标准化、规范化、职业化和个性化的殡仪礼仪方式、方法来为不同需求对象提供不同的服务,这样既能满足社会对殡仪活动的需求,也能丰富殡仪服务活动的内涵,并向社会展示殡仪文化。

殡仪服务属于第三产业,属于社会服务业,与餐饮、旅游等行业的性质相同。其他服务行业都为"生者"服务,唯独殡葬业的服务对象是"逝者"。殡仪服务的直接服务对象是逝者,间接服务对象却是生者,如治丧者、助丧者、前来吊唁者等。殡仪服务具有特殊的社会文化意义,即安葬逝者、慰藉生者,从而体现生命的尊严,使人性得到升华。

1. 殡仪服务的含义

殡仪服务有四层含义。广义的殡仪服务是指全社会为殡葬事业的发展所提供的各种社会服务活动的总称,包括围绕遗体及骨灰展开的所有活动,还包括对殡葬事业的改革与促进所做的社会性宣传活动。现代殡仪服务还会向前延伸,关注生前契约(生前预约合同)、临终关怀;向后延伸,关注心理抚慰、哀伤辅导、续写家谱等。

中层的殡仪服务专指殡仪服务机构(国营或民营)为殡仪服务对象提供的关于丧葬处理的有偿的或无偿的专项服务,包括殡仪馆和墓地、骨灰堂、服务公司、礼仪公司、红白理事会以及殡仪代理及中介服务公司等提供的各类服务,这些服务从业者包括国家批准的殡仪服务员、遗体防腐整容师、遗体火化师、公墓管理员等。

狭义的殡仪服务指殡仪馆等殡仪服务机构为客户提供的有偿或无偿的服务,包括遗体接运、遗体防腐整容、遗体告别、遗体火化等,不含墓地服务。

更狭义的殡仪服务仅指殡仪服务员在殡仪馆及殡仪服务公司开展的遗体接运以及接待咨

询、告别等活动。本书前三章论述的是广义的殡仪服务，从第四章开始论述的是殡仪服务员所从事的更狭义的殡仪服务。

2. 殡仪服务的类型

（1）根据服务的内容及表现形式分为以下五种类型：一是物品销售服务，如出售丧葬用品，如寿衣、鲜花、花圈、骨灰盒等。二是租赁服务，出租场地，如悼念厅、休息室等。三是提供技术、劳务和礼仪方面的服务，如为死者整容化妆、防腐处理、火化遗体、举行悼念活动等。四是运送服务，如接运遗体等。五是保管服务，如骨灰寄存等。

（2）根据服务对象范围分为基本殡仪服务和特殊殡仪服务两大类别。基本殡仪服务也称一般性殡仪服务，是指向绝大多数殡仪服务对象提供基础的、常用的共性殡仪服务。基本殡仪服务主要包括遗体接运、存放、火化、殡葬用品的销售、祭奠服务等。不同地区、民族、宗教信仰的人的基本殡仪服务内容有较大差异。如中心城区的基本殡仪服务比较多、火葬区与土葬改革区的基本殡仪服务也有很大不同。

特殊殡仪服务是相对于基本殡仪服务而言的，是指向少数殡仪服务对象提供的专项、可供选择的个性化殡仪服务，一般包括遗体跨区域运送、遗体修复塑形、事故性遗体的辨别和大型事故性遗体的安全处置、解剖遗体的火化、违规土葬遗体的处理、患传染病死亡遗体的安全处置等。开展特殊殡仪服务要求殡仪服务人员具有更全面的技能和更有创造性的手法。

（3）根据服务项目分为基本服务和延伸服务（选择性服务）。基本服务主要包括遗体接运（含抬尸、消毒）、存放（含冷藏）、火化和骨灰寄存等，实行政府定价并适时调整。延伸服务是指在基本服务以外，供群众选择的特殊服务项目，包括遗体整容、遗体防腐、吊唁设施及设备租赁等，实行政府指导价或市场调节价。

3. 殡仪服务的特殊性

殡葬行业是一个特殊的社会服务行业，殡仪服务的特殊性是指在特定的环境下，用特殊的方式和礼仪为特别的人群或对象提供的服务，这种服务不仅是为逝者服务，也为生者服务。殡仪服务遵循以人为本，尊重人、尊重生命的人道主义原则，最终目的就是"使逝者得到安息，使生者得到慰藉"。殡仪服务的特殊性表现在以下几个方面。

（1）服务对象特殊　殡仪服务直接的对象是逝者，但间接的服务对象是生者，是与逝者有相关联系的各种社会人员。殡仪服务是一种双重服务，使逝者得到安息，使生者得到慰藉；让逝者有尊严地离开，帮助生者表达思念和悼念之情。

（2）服务环境特殊　殡仪服务的全过程都是在殡葬单位内或家庭范围内完成的，如殡仪馆、火葬场、公墓、殡仪服务中心（站），一般远离市区和居民区。

（3）殡仪服务礼仪的特殊性　殡仪服务活动的全过程都是在殡仪服务对象极其悲痛、压抑和沉重的状况下进行的，整个治丧环境的氛围比较低沉，是既庄严肃穆又悲痛的，服务礼仪有特殊的形式。

（4）殡仪服务手段的特殊性　在殡仪服务过程中，既不能采用开朗热情的微笑接待方式，也不能采用冷漠淡薄的接待方式，应采用殡仪行业特有的，具有同理心的、人性化的温情服务方式。温情服务既庄严、肃穆，又温善、洁雅。

总之，殡仪服务作为一种特殊的社会商品，是为了满足社会对文明丧葬的需要而产生的，殡仪服务的特殊性就表现在同时为逝者和生者服务，服务环境、礼仪及手段都比较特殊。

二、殡仪服务的宗旨及基本原则

殡仪服务的宗旨是"客户至上、服务第一"。其目标是使逝者得到安息、生者得到慰藉。在服务过程中,服务人员必须想客户之所想、急客户之所急,为其提供文明、优质的服务,满足群众和社会对文明、节俭办丧事的需求,让客户称心、顺心、放心。

1. 殡仪服务基本原则

殡仪服务要遵循以下三个基本原则。

(1) 人道主义原则　殡仪服务是为人服务,不仅为逝者服务,也为生者服务,因而以人为本,尊重人、尊重生命的人道主义原则就成了殡仪服务应遵循的第一原则。

(2) 孝道原则　中国传统的殡仪文化将治丧视为履行孝道的一个环节,所谓"事死如事生,事亡如事存""逝者为大,孝道盈天"。传统的殡仪服务是以助人当孝子为目的,孝子应当以虔诚的孝心治丧,"生,事之以礼;死,葬之以礼,祭之以礼"。

现代殡仪服务需要继承孝文化传统,助人完善孝道,要以庄重、恭敬的态度为客户服务,而不能漫不经心、上班时嬉笑打闹。

(3) 客户至上原则　服务业提倡"顾客是上帝",殡仪也是服务行业,应当遵守"客户至上"的原则。也就是说,想客户之所想、急客户之所急,给顾客提供法律允许范围内的一切服务和方便。

2. 殡仪服务优质化要求

实现殡仪服务优质化,必须做到以下几点。

(1) 环境生态化　殡仪服务单位的环境要由美化、绿化向生态化转变,既使前来接受服务的对象感到有一个洁雅的氛围,又在废弃物处置、污水处理、能源使用、火化烟气排放等方面达到绿色无污染、生态化发展的要求。

(2) 设施现代化　殡仪服务设施、设备要与社会的发展保持同步发展,在设施、设备上要不断完善、更新,使技术不断得到提高,质量不断得到提升。

(3) 手法人性化　要实现规范化的文明殡仪服务操作,服务过程要"事死如事生",给予逝者尊严,对待前来送别的亲友,要具有人性化、同理心。

(4) 质量规范化、项目多样化　殡仪服务的流程、项目、内容要规范,项目的价格要透明、公开,既要提供各种不同层次的个性、文明的丧葬服务,又要使最低文明丧葬消费得到保障,同时殡葬职工的仪态举止、行为、语言要合乎规范和标准。

(5) 程序公开化　服务流程、项目、监督电话、惠民政策等要让群众知晓,一般放在服务大厅里,便于群众开展殡仪活动及反馈活动效果。

三、政府殡葬服务标准化建设工作

殡葬服务标准化是殡葬工作发展的必然,是树立殡葬职业形象的平台,是创建文明服务窗口单位的关键。全国殡葬标准化建设从理念到制度,再到实施,取得了很大成绩。从政府层面而言,主要是推进标准化建设立法工作。2003年发布了《民政部标准化工作管理暂行办法》,2008年成立了全国殡葬标准化技术委员会,通过《全国殡葬标准化技术委员会章程》《全国殡葬标准化技术委员会秘书处工作细则》。2009年，全国殡葬标准化技术委员会制定了《殡葬标准体系框架》。该框架从殡葬行业的发展需求出发，以现代殡葬技术体系下标准的构成为主体，兼顾殡葬业务对标准的现实需要，从信息流、殡葬业务的物理流程等多个视角对殡葬标准的组成进行了描述和构建。该标准体系框架包括殡葬标准体系层次结构图、殡葬标准明细表和殡葬标准体系统计表，由"殡葬基础""殡葬方法""殡葬设施""殡葬产品""殡葬服务""殡葬管理""殡葬安全、卫生、环保""其他殡葬标准"等8大类总计247项标准构成，8大类标准之间相互关联、相互作用。2011年，民政部发布关于印发《民政部标准审查暂行办法》的通知，2015年发布《关于加快推进民政标准化工作的意见》，2016年发布关于印发《全国民政标准化"十三五"发展规划》的通知，民政部在殡葬标准化立法工作方面也取得了很大成绩。以下是近年来发布的殡葬相关标准。

1. 国家殡葬相关标准

（1）GB 16383—2014《医疗卫生用品辐射灭菌消毒质量控制》。

（2）GB/T 18081—2000《火葬场卫生防护距离标准》。

（3）GB/T 19054—2003《燃油式火化机通用技术条件》。

（4）GB 19053—2003《殡仪场所致病菌安全限值》。

（5）GB/T 19632—2005《殡葬服务、设施、用品分类与代码》。

（6）GB 13801—2009《燃油式火化机大气污染物排放限值》。

（7）GB/T 23287—2009《殡葬术语》。

（8）GB/T 24441—2009《殡葬服务从业人员资质条件》。

（9）GB/T 26374—2010《接运遗体服务》。

2. 民政行业殡葬相关标准及管理规定

民政行业标准以MZ/T开头，中间是按发布时间编号，后面是年份。

（1）1993年，《民政部、劳动部关于颁发〈民政行业工人技术等级标准〉的通知》，确定殡仪服务六个工种，即尸体整容工、尸体防腐工、尸体火化工、殡仪服务员、墓地管理员、尸体接运工等。

（2）2006年，劳动和社会保障部办公厅与民政部办公厅劳社厅发〔2006〕8号六项殡葬职业标准：4-07-14-01《殡仪服务员》、4-07-14-02《遗体接运工》、4-07-14-03《遗体防腐师》、4-07-14-04《遗体整容师》、4-07-14-05《遗体火化师》、4-07-14-06《墓地管理员》。

（3）1999年，建设部、民政部发布行业标准JGJ 124—99《殡仪馆建筑设计规范》。

（4）2010年，民政部办公厅印发《全国殡葬改革示范单位评审办法》《全国殡葬改革示范单位评审标准》。

（5）2011年，发布7项殡葬服务标准：MZ/T 017—2011《殡葬服务术语》、MZ/T 018—2011《殡仪接待服务》、MZ/T 019—2011《遗体保存服务》、MZ/T 020—2011《遗体告别服务》、MZ/T 021—2011《遗体火化服务》、MZ/T 022—2011《骨灰寄存服务》、MZ/T 023—2011《骨灰撒海服务》。

（6）2012年，民政部发布5项公墓服务行业标准：MZ/T 034—2012《公墓业务接待》、MZ/T 035—2012《墓体制作服务》、MZ/T 036—2012《公墓安葬服务》、MZ/T 037—2012《公墓维护服务》和MZ/T 038—2012《公墓祭扫服务》。

(7) 2013 年，民政部发布 MZ/T 046—2013《殡葬服务项目分类》、MZ/T 047—2013《殡葬代理机构服务规范》、MZ/T 048—2013《殡葬服务满意度评价》。

(8) 2017 年，发布 MZ/T 098—2017《殡葬管理服务信息系统基本数据规范》、MZ/T 099—2017《平板火化机捡灰服务》、MZ/T 100—2017《燃油式平板火化机及辅助运行规程》、MZ/T 101—2017《火化机烟气净化设备通用技术条件》、MZ/T 102—2017《安葬随葬品使用要求》、MZ/T 103—2017《殡仪场所消毒技术规范》、MZ/T 104—2017《火化残余物处理处置要求》、MZ/T 105—2017《火化随葬品使用要求》、MZ/T 106—2017《火葬场二噁英类污染物减排技术导则》、MZ/T 107—2017《遗体火化大气污染物监测技术规范》等。

(9) 2019 年，民政部发布 MZ/T 134—2019《节地生态安葬基本评价规范》、MZ/T 141—2019《殡葬管理服务信息系统数据共享和交换规范》、MZ/T 142—2019《燃气式火化机通用技术条件》、MZ/T 143—2019《殡葬服务公共平台基本要求》、MZ/T 144—2019《殡葬服务机构安全管理指南》、MZ/T 145—2019《殡葬服务机构业务档案管理规范》、MZ/T 146—2019《殡葬场所烟气排放连续监测技术规范》。

3. 地方殡葬相关标准

各省市关于殡葬的标准在本地区有效，其他地区可参考，如上海市的 DB31/T 501—2010《殡葬代理服务规范》。2012 年，重庆市发布的 DB50/T 428—2012《遗体接运服务》、DB50/T 429—2012《治丧守灵服务》两项地方标准，之后发布了 DB50/T 536—2013《经营性公墓建设规范》、DB50/T 682—2016《殡仪服务站建设规范》、DB50/T 906—2019《殡葬服务标志和设置规范》。湖北省发布 DB42/T 1480—2018《殡仪上门服务规范》。河北省发布 DB13/T 2176—2015《殡仪服务代理机构服务规范》。安徽省发布了 DB34/T 3237—2018《殡葬管理服务流程信息化控制规范》。天津市发布了 DB12/T 904—2019《殡仪服务从业人员个体防护与遗体卫生处理技术规范》。浙江省湖州市发布了 DB3305/T 143—2020《殡仪服务规范》。四川省发布了 DB51/T 2437—2017《殡葬业务大厅服务规范》。

4. 殡葬相关企业标准

一些企业也制定了相关标准，如北京八宝山殡仪馆制定了 BBY-FWTG-00-01《殡仪服务流程》、BBY-FWTG-01-01《业务预定服务提供规范》、BBY-FWTG-05-01《引导服务员提供规范》。

殡葬服务标准的制定将为实现殡葬服务的公开、公平，为社会和群众更好地监督殡葬服务提供依据，从而进一步规范殡葬服务市场，提高殡葬服务的透明度，实现殡葬服务的公益性保障，提升殡葬服务行业形象和社会公信度。

四、殡葬服务机构殡仪服务标准化建设工作

殡葬服务机构殡仪服务标准化工作进行得比较早，主要是通过标准化认证及实施提高殡葬服务水平。三体系认证是指 ISO 9001 质量管理体系标认证、ISO 14001 环境管理体系标准认证、ISO 18000 职业健康安全管理体系认证。

实行三体系认证后，殡葬服务机构会根据自身长期的殡仪服务特点，进行总结、整理、

提炼，形成《殡仪服务手册》《职工须知》《标准化服务三百问》等通俗易懂的服务手册，供职工学习和参考，并在实践中认真执行和完善。服务手册常见的范式如下例所示。

范例：《××殡仪馆标准化服务手册》

一、理念识别体系

1. 精神
2. 使命
3. 服务理念
4. 服务宗旨
5. 安全理念

二、视觉识别体系

1. 服务岗位服装
2. 服务工作证（胸牌）
3. 服务标牌（宣传牌、导向牌）颜色
4. 服务名片
5. 服务标志
6. 服务环境
7. 信息管理

三、语仪（语言、仪容仪表）识别体系

1. 仪容仪表标准
2. 服务用语标准

四、行为识别体系

1. 车辆调度服务标准
2. 遗体接运服务标准
3. 遗体存放服务标准
4. 守灵服务服务标准
5. 花艺设计服务标准
6. 接待引导服务标准
7. 接待洽谈服务标准
8. 遗体防腐服务标准
9. 遗体整容服务标准
10. 遗体火化服务标准
11. 骨灰存取服务标准
12. 骨灰祭奠服务标准
13. 焚烧遗物服务标准

复习思考题

1. 什么是广义的殡仪服务？什么是狭义的殡仪服务？
2. 殡仪服务的宗旨是什么？
3. 简述殡仪服务的三大基本原则。

4. 如何理解殡仪服务的特殊性？
5. 谈谈你对殡仪服务标准化的认识。

第二节 殡仪服务流程

> **学习目标**
> 1. 熟悉殡仪服务流程。
> 2. 能够熟练介绍殡仪服务流程。

流程是产生特定结果的一系列操作或作业的组合。殡仪服务流程是围绕悼念及安葬逝者的一系列活动的有序集合。殡仪服务流程不仅将外部资源合理组合，将社会、殡仪服务机构和客户联系在一起，还整合殡仪馆内部资源、优化组织机构，以提高对客户需求的响应速度，争取效率最大化。

殡仪服务行业实行首问责任制，每一个服务人员都有义务为服务对象介绍本馆情况，所以对殡仪馆服务都要有清楚的认识。

一、遗体处理服务流程

治丧者来到殡葬单位首先要了解的就是殡仪服务流程，也就是逝者死亡后到火化成骨灰在殡仪馆所要经过的所有服务流程。这要根据遗体状况来确定，具体如下。

一类是消毒接运后直接火化的遗体。对于因患鼠疫、霍乱、炭疽、"非典"、禽流感等传染病死亡的遗体，要立即消毒，就近火化，不能进行整容化妆、开追悼会等。对于因患其他传染病死亡的遗体，一般也要快速火化，以免污染环境。

另一类是对于非因传染病死亡的遗体，可以进行防腐、清洗、化妆、整形、举行追思告别仪式等活动。遗体一般处理流程见图2-1。

二、接待洽谈服务流程

殡仪服务机构都有免费技术咨询、业务接待服务，有免费介绍有关服务项目、服务流程、服务内容、单项服务收费标准等信息的义务。

接待洽谈服务是指由殡仪服务员代表殡仪服务单位出面，接待殡仪服务对象、洽谈办理丧事的业务。服务员从接待殡仪服务对象的洽谈中了解服务对象的需求，为其介绍殡仪服务项目，征求服务对象的意见；服务对象则从洽谈中了解殡仪服务单位的服务内容，提出办理丧事的具体要求。双方通过洽谈，达成办理丧事的协议或合同，填写有关表格，注明办理丧事的项目、内容、要求、时间、场所、殡葬用品选择、设备使用、设施租用等情况。殡葬业务接待服务流程见图2-2。

三、遗体收殓与接运服务流程

遗体收殓与接运服务是殡仪服务机构受客户委托，将逝者安全装殓、运送至殡仪服

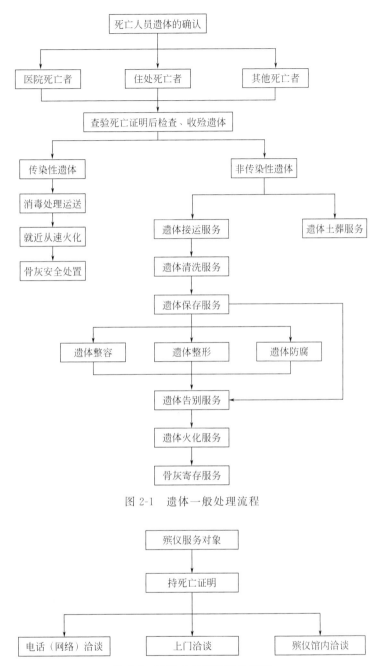

图 2-1　遗体一般处理流程

图 2-2　殡葬业务接待服务流程

务机构的行为。遗体收殓与接运服务是社会上殡仪服务的一个重要窗口，在很大程度上代表了殡仪服务机构的形象。在遗体的收殓和接运过程中，殡仪服务机构应提供遗体的辨认、收殓、清洁、消毒、更衣、运送和交接等服务，对于破损、残缺、腐败和患传染病死亡的遗体还要提供特殊服务，按照客户预约的时间和地点将遗体准确、安全、文明地运送到殡仪服务机构或指定的地点。一般遗体收殓与接运服务的流程为接运准备、接任务单、核对查验、遗体更衣、遗体入殓、起灵服务、遗体运输、遗体交接等。遗体收殓与接运服务流程见图 2-3。

图 2-3 遗体收殓与接运服务流程

四、遗体整容服务流程

遗体整容服务是专业服务人员使用有关器具和化妆品，对遗体进行消毒、清洗、化妆、美容、美发、整容整形等重要服务项目。整容化妆之后遗体的遗容能达到坦然、安详、入眠的标准，给人留下美好的印象，可减缓丧亲者的痛苦。遗体整容服务流程见图 2-4。

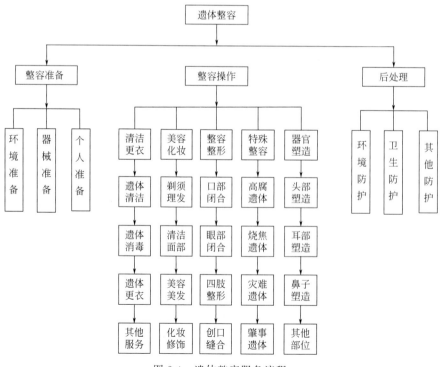

图 2-4 遗体整容服务流程

五、遗体防腐服务流程

遗体防腐是在一定的时间内采取物理、化学或综合方法防止或减缓遗体腐败而保持遗体形态和色泽的过程。目前,殡仪服务机构主要提供的是遗体冷藏、冷冻、注射和灌注化学药物防腐服务。遗体防腐服务流程见图2-5。

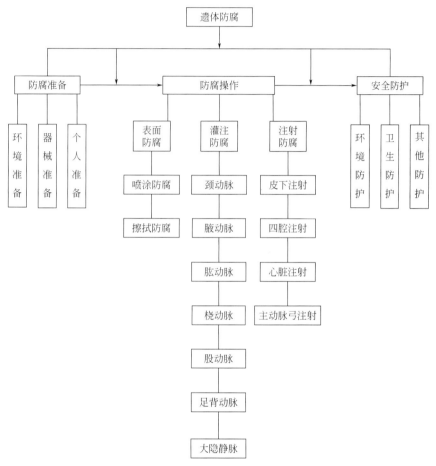

图2-5 遗体防腐服务流程

六、遗体告别服务流程

遗体告别服务是通过遗体守灵、告别、开追悼会、送花圈、送花篮、戴黑纱、戴白花等活动或仪式来表达对逝者的哀思。在提供遗体告别服务过程中,殡仪服务机构通过活动或仪式场景和环境的策划与布置,充分表达对逝者的哀思。遗体告别服务流程见图2-6。

七、遗体火化服务流程

遗体火化服务是指针对不同遗体及随葬品,控制不同火化条件,通过高温燃烧使遗体转

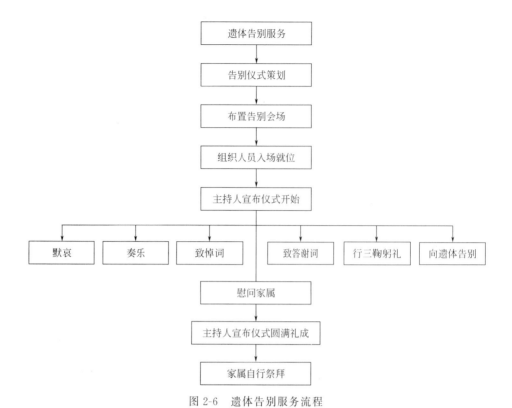

图 2-6 遗体告别服务流程

化为骨灰的工作。遗体火化服务流程见图 2-7。

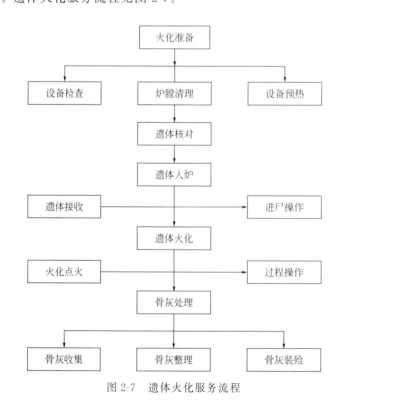

图 2-7 遗体火化服务流程

复习思考题

1. 绘制各殡仪服务项目流程图。
2. 清楚明白地介绍殡仪服务流程。

PPT课件

第三章 殡仪服务的要求、职业素养及规划

课程思政资源

第一节 殡仪服务人员的基本工作

学习目标

1. 了解殡仪服务人员的等级划分及申报条件、培训要求。
2. 能够熟练掌握各职业等级的工作要求。

一、殡仪服务人员的含义

殡仪服务业是服务于全社会的特种行业,《国民经济行业分类》(GB/T 4754—2002)中将"殡仪服务"划入了居民服务业的大行业,与"家庭服务""婚姻服务"一样属于国民经济行业的中等行业,其行业代码为"8270"。

1. 广义的殡仪服务人员

广义的殡仪服务人员是指从事殡仪服务活动并取得劳动报酬的专业工作者。2015年,《中华人民共和国职业分类大典》经过修订,将殡仪领域职业由6个修改为4个,分别为殡仪服务员(含遗体接运工)、遗体防腐整容师(含遗体防腐师、遗体整容师)、遗体火化师、公墓管理员。全国很多省(自治区、直辖市)殡葬职工通过鉴定获得职业资格,可以登录民政部职业技能鉴定指导中心网站查阅职业资格鉴定及竞赛相关信息。

近年来,中国殡葬协会先后举办了公墓主任、墓地管理员培训,殡仪馆电子、电脑培训,等级殡仪馆馆长培训,殡仪馆建筑设计培训,殡仪服务、遗体防腐整容、国际遗体运送及遗体火化培训。通过这些岗位技能和规范管理的培训,职工素质可得到不断提高。

2. 狭义的殡仪服务人员

狭义的殡仪服务员是从事追悼、告别场所的布置,接待、引导家属和宾客,组织治丧活动等殡仪服务工作的人员,包含殡葬礼仪师和遗体接运工两个工种。殡仪服务员是列入国家职业中的一个特种职业,其职业编码为4-10-06-01。

殡仪服务员职业共设五个等级,分为:五级/初级工、四级/中级工、三级/高级工、二级/技师、一级/高级技师。其中五级/初级工、四级/中级工、三级/高级工分殡葬礼仪师、遗体接运工两个工种,二级/技师、一级/高级技师不分工种。

二、殡仪服务人员的基本要求

殡仪服务是提供各种专项服务的基础，殡仪服务人员要掌握接待殡仪服务对象的基本知识及礼仪，满足殡仪服务对象的各种合理需求是殡仪服务行业的永恒主题。

2009年9月发布的国家标准《殡葬服务从业人员资质条件》提出，殡仪服务员和遗体接运工要具有一定的语言文字表达、沟通协调、观察判断能力，眼、手、足及肢体动作灵活。

1. 基本素质要求

殡仪服务人员要具有高度的责任心和事业心，工作细致认真；诚实守信，充分尊重客户的需求；具有同情心和亲和力，能热情周到地为客户提供满意的服务。

2. 资质要求

殡仪服务人员要接受相关专业知识和技能的培训，持有相关部门核发的上岗证书或资格证书；涉外接待人员要掌握涉外丧事相关法规的要求，熟悉涉外丧事操作流程；具备英语或其他语种的听、说、读、写能力，具备大专以上学历水平。

3. 基本知识

殡仪服务人员应掌握基本的职业道德知识，职业守则知识，以及殡仪改革、殡仪服务、殡葬心理、殡仪设施、设备及用品、计算机使用常识、安全防护知识、相关法律法规等专业知识。本章仅介绍基本知识，礼仪主持以及殡仪文书有专门的教材论述，本章只做简单介绍，其他基础知识将在第四章具体论述。

三、殡仪服务员的岗位要求

殡仪服务员一般设有以下岗位：接待洽谈岗、引导岗、用品销售岗、文书服务岗、收银岗、悼念服务岗、骨灰寄存岗、档案管理岗、业务调度岗等，每个岗位对工作技能的要求都不同。

较小的殡仪馆服务项目单一，可能只设有服务接待和业务（火化部）两个部门，服务接待岗负责接待引导、洽谈、签合同和缴费等事宜，业务（火化部）岗负责接运、防腐整容和遗体火化等。

以下按殡仪服务承担的不同职业功能，对其工作内容及要求做简要说明。

1. 接待洽谈岗

接待洽谈岗位负责接待治丧者，接受咨询，进行项目洽谈及最后的合同签订等工作。这是殡仪服务对外的窗口，所以对相关人员的要求较多。

（1）准备好工作所需的各种办公设备和服务用品，整理好工作环境。
（2）保持个人良好的仪表和仪态，使用普通话进行服务，以文明得体的方式提供服务。
（3）能通过互联网、电话、传真及面谈等方式了解客户的需求，解答客户的问题。
（4）能区分客户的需求类型和需求特征，介绍服务项目、工作流程及收费标准。
（5）能够根据客户的要求和反应及时调整洽谈方式，向客户提供合理化建议。
（6）能够应对洽谈中的冲突。

(7) 了解客户消费心理常识和突破洽谈僵局的技巧。

(8) 具备常见哀伤辅导知识,能够对丧亲者进行简单的心理抚慰。

2. 用品销售岗

(1) 介绍骨灰盒、寿衣、丧礼常用花材的名称及花圈、花篮等常用殡葬用品的类型、材质、性能、规格、质量、特色及价格等内容。

(2) 介绍殡葬用品的材质、工艺、用途和使用方法。

(3) 根据消费心理,介绍、推荐殡葬用品,并解答客户的问题。

(4) 能够鉴别殡葬用品的质量。

3. 文书服务岗

(1) 根据客户提出的要求,提供殡仪文书格式样本。

(2) 拟写唁电(函)、慰问信、挽联和讣告。

(3) 撰写其他个性化的殡仪文书。

4. 悼念服务岗

(1) 能够对悼念场所进行清洁和消毒。

(2) 能够策划、组织并主持告别仪式。

(3) 布置告别场所,尤其是能够布置个性化的告别场所。

(4) 能够制作殡仪用花及黑纱。

(5) 能够根据客户的要求、爱好和禁忌确定丧礼主题,制作花圈、花篮。

5. 骨灰寄存岗

(1) 能对寄存骨灰进行审核、登记和办证。

(2) 能对领取骨灰进行核对、登记,为客户取放寄存的骨灰。

(3) 能够检验骨灰质量、验证收回骨灰。

(4) 能够引导客户进行祭奠活动。

6. 档案管理岗

(1) 能对遗体火化及殡仪服务资料立卷、管理。

(2) 能对遗体火化及殡仪服务的文字档案、电子档案进行分类、检索。

(3) 能对档案进行安全保管,根据档案价值划分保管期限。

(4) 能有效利用档案资料开展专项服务。

7. 业务调度岗

业务调度是三级以上的服务人员需要具备的技能,要求其有较高的职业素养,主要是满足一些管理或协调工作。

(1) 能协调本单位有关部门的关系。

(2) 能填写业务单据。

(3) 能复核业务项目。

(4) 能安排殡仪服务项目。

8. 培训指导

培训指导属于二级殡仪服务员(技师)职业技能范围,但是依照提高殡仪行业素质的要求,具有高一级职业资格的人员需要培训技能较低的人员,四级以上的人员都有义务培训和指导初学者及五级工作人员。

对于各岗位的技能，在具体章节中论述。

遗体接运工作岗位及其要求在第八章、第九章分别论述。

 复习思考题

1. 浅谈殡仪服务人员的基本概念。
2. 谈谈殡仪服务人员的等级划分。
3. 谈谈殡仪服务人员各等级的培训要求。

第二节　培养殡仪服务职业素养及职业规划

学习目标

1. 了解殡仪服务人员的职业道德及职业素养。
2. 掌握殡仪服务人员的职业素养提升方式。

职业素养是某一职业内在的规范和要求，是在职业过程中表现出来的综合品质，包含职业信念、职业技能、职业行为及职业道德等方面。职业素养是人类在社会活动中需要遵守的行为规范。职业素养是内涵，个体行为是外在表象，个体行为的总和构成了自身的职业素养。那么，殡仪服务人员应该如何提高自己的职业素养呢？

一、职业素养的内涵

职业素养指专业知识、专业技能和专业能力等与职业直接相关的基础能力和综合素质。无论从事何种职业，每个劳动者都必须具备一定的思想道德素质、科学文化素质、生理素质和心理素质等，只有如此才能顺应知识经济时代社会竞争激烈、人际交往频繁、工作压力大等特点的要求。

二、职业信念、职业技能及职业行为

1. 职业信念

职业信念是职业素养的核心，良好的职业素养应该包含良好的职业道德，积极的职业心态和正确的职业价值包含爱岗敬业、忠诚奉献、乐观用心、开放合作及始终如一等信念。

2. 职业技能

职业技能是做好一个职业应该具备的专业知识和能力。"三百六十行，行行出状元。"没有过硬的知识和精湛的技能，就无法做好一件事，更不可能成"状元"。殡仪服务人员必须不断关注本行业的发展动态及趋势，修炼基本技能，掌握殡仪改革、殡葬心理、殡仪服务礼仪、客户需求等方面的知识。

3. 职业行为

职业素养就是在职场上通过长时间的学习，不断改变，最后变成习惯的一种综合素质。信念可以调整，技能可以提升。要让正确的信念、良好的技能发挥作用，就需要不断地练习、练习、再练习，直到成为习惯。

做到五勤、四好和三不怕。五勤：眼勤、嘴勤、耳勤、手勤、腿勤。四好：职业形象好、服务态度好、服务技能好、回答问题好。三不怕：不怕脏、不怕累、不怕烦。同时，要学会感激和体谅客户，一切为客户着想，洞察先机，将最优质的服务提供给客户。在服务过程中，有效的沟通要以诚为先，从心开始，要用爱心和客户交流，只有这样才能赢得客户的信任。

三、"奉死敬生"的殡葬职业道德

俗话说，人贵有"四德"，指人在社会上要具有社会公德，在家庭中要具有家庭美德，在单位里要讲究职业道德，为人处世还要展示个人品德。

社会公德是全体公民在社会交往和公共生活中应该遵循的行为准则，涵盖了人与人、人与社会、人与自然之间的关系。现代社会大力倡导以文明礼貌、助人为乐、爱护公物、保护环境、遵纪守法为主要内容的社会公德。

家庭美德是每个公民在家庭生活中应该遵循的行为准则，涵盖了夫妻、长幼、邻里之间的关系。现代社会大力倡导以尊老爱幼、男女平等、夫妻和睦、勤俭持家、邻里团结为主要内容的家庭美德。

职业道德就是同人们的职业活动紧密联系的符合职业特点要求的道德准则、道德情操与道德品质的总和，它既是职业活动的行为标准和要求，又是职业对社会所负的道德责任与义务。

中国人还非常注重个人品德。个人品德是人的第二个身份证，是道德价值和道德规范在个体身上内化的产物，需要个人自觉按照一定社会或阶级的道德要求进行自我审度、自我教育、自我锻炼、自我革新、自我完善。

1. "奉死敬生"的内涵

《荀子·礼论》曰："生，人之始也；死，人之终也；始终俱善，人道毕矣。"认识生死是殡葬业的基本要求。殡葬职工要了解生死的含义，思考殡仪活动中如何体现生死一体。在遗体接运、整容和火化中要安置肉体生命；在追悼会等殡仪礼仪中要关注精神生命和社会生命，关注社会交往圈子，聚集他的血缘、亲缘、地缘、业缘、趣缘等群体一起追思告别。祭祀活动能让人们免于文化意义的死亡，"祭如在"，让后人记住缅怀。

奉死敬生是将生死一起考虑，殡葬业在对生命充满敬畏之心的前提下，以侍奉、供奉之心和慈悲之心对待参加殡仪活动的来宾，让生死在殡仪活动中得到融合与记忆。奉死在前，因为殡仪是因人的死亡才发生的，只有慎终才能善生；敬生在后，死亡以及由此展开的殡仪活动让我们看到了生命的短暂及价值，所以应敬重生命、热爱生活。敬生是奉死的必然要求，因为无论是安葬还是祭奠，殡仪活动都是活人做、活人看。敬生是奉死的终极追求，因为敬生，所以记录并尊重每个人的生命轨迹，让他的文化生命、精神生命长存。

以"奉死敬生"作为职业道德表明，对外来说，要敬重客户，珍视生命价值，恭敬地供奉相关的纪念物，并且在其生命的终点，穷尽所能，提升精神价值，让人记住、创造、传承精神价值，使人类文明不断滋长、生长，使殡葬业成为生命传承的事业、生命生生不息的动力。对内来说，殡葬从业者应认识到自己从事的是关于生命的事业，对生命发自内心地敬畏，认真工作，热爱生活，奉献自己，提升自己的生命价值，为殡葬事业奉献自己。

2. 殡葬从业者的职业素养内涵

（1）思想道德素质　思想道德素质会体现在人的一言一行中，在学习和培训时注意培养自己的思想道德素质。从事殡葬职业的人要有"民政为民，为民解困"的思想道德素质。

（2）责任感、事业心和吃苦精神　殡仪服务人员要有责任感和事业心。在人生终点站，给逝者尊严，让他干干净净、安详地离开，既是对逝者的尊重，也是对所有人的尊重，因为死亡是每个人的人生必经之途，不能草草了事。殡仪服务人员要有维护人类尊严的责任感，有服务于生者和逝者的事业心，有从平时的小事做起，培养吃苦耐劳、敢干实干的精神。

（3）专业知识和学习创新能力　殡葬从业人员应该拥有扎实的基础知识和精深的专业知识，要精益求精，会学习，善于汲取新知识、新经验，在各方面不断完善自己，形成终身学习的习惯。

（4）健康的身心及人际交往能力　殡葬从业人员每天与死亡打交道，工作环境难免压抑，工作要求高，更需要保证自身的身心健康。除积极锻炼身体外，还应该勤于和他人沟通，诚实守信、以诚待人，培养团队协作精神，逐步提高自己的人际交往能力。

3. 殡仪职业素养要求

殡仪服务人员要具备以下基本素养。

（1）服务细致周到　在遗体接运、整容化妆、防腐冷藏、追思悼念、守灵、火化、骨灰寄存、丧宴等一系列服务上，要始终保持严谨的工作作风，力争零失误。

（2）服务规范化、标准化　殡仪服务工作中得体入时，在仪态、行为及语言上做到规范化，避免因服务行为随意而导致服务质量下降事故的发生，让客户产生信赖感和尊敬感。

（3）温情服务　怀念、悲痛是治丧者情感释怀的自然体现，殡仪服务人员应本着人道主义精神，充分尊重逝者及家属，以尊重的心态、体态和语言服务于客户，体现对生命及人性的尊重，用温情暖化客户悲痛的心灵。

（4）总结工作经验，增长业务知识　殡葬工作复杂，具有社会性，涉及传统风俗、社会心理和道德法律关系，是一项神圣而严肃的工作，这就要求服务人员要不断总结经验，提高业务水平。

4. 殡仪职业道德要求

结合民政部职业技能鉴定指导中心的六大工种"殡仪服务员""遗体接运工""遗体防腐师""遗体整容师""遗体火化师""墓地管理员"中职业道德和职业守则的要求，奉死敬生有以下具体职业要求。

（1）对逝者讲文明，对生者讲礼貌　奉死敬生总的要求就是对生命的敬重，民政部颁发的《殡葬职工守则》第四条"四、严守职业道德，对逝者讲文明，对丧主讲礼貌"可作为基本要求。

对逝者讲文明，要求殡葬职工要克服对遗体的恐惧、厌恶心理，尊重和爱护遗体（骨灰），动作要轻柔，文明操作。保持遗体或骨灰不受损坏是提供殡仪服务应遵循的第一原则。殡葬从业者要消除喜生厌死的心态，认识死生一体，将逝者看成有生命的人，而不是冷冰冰的物。

对生者讲礼貌，对殡葬业来说，死生一体，要以礼相待，以最大的诚意安葬逝者。对客户讲礼貌是基本要求，因为在殡仪馆办理丧事的客户大都处于丧亲阶段，身心疲惫，他们需要身心的关照，要尊重他们的丧葬习俗，尊重他们对商品和服务的选择权，保护其个人隐私，抚慰其心灵。殡葬从业人员应当特别重视以礼待人、以诚待人，在礼貌中加入慈悲关爱的情怀，对所有生命进行真诚的关怀和爱护。

（2）爱岗敬业、勤学苦练　爱岗敬业是职业道德的基础，是社会主义职业道德所倡导的首要规范，爱岗敬业既是职责，也是成才的内在要求。

殡葬工作稳定，有时间学习。殡葬从业者要加强学习，提高殡仪服务技术含量，提高自身的素质。同时，殡葬从业者要掌握供奉的技巧，对遗体和骨灰有科学的认识。

殡葬从业者要尊重逝者，常怀感恩心，供奉已逝人，奉献自己。殡葬从业者每天要和死亡打交道，在极度悲伤的情况下，任何差错都将带来难以弥补的遗憾，这样兢兢业业的一生的确是奉献的一生，这也是殡葬业的奉献之处、闪光之处。

（3）提高职工文化自信，提升殡仪行业形象　自信是一个国家、一个民族发展中更基本、更深沉、更持久的力量。据调查，殡葬从业人员普遍认为自己从事的行业具有特殊性，在社会中的地位较低，名声不好，被人歧视。事实上，被别人歧视并不可怕，可怕的是自己歧视自己。

殡仪的使命是要使死亡有意义，使生命更有意义。有研究者提出：殡仪活动"让人们借由参与死亡仪式来领悟生命传承的意义，激发出承前启后的历史担当与自我的责任"，目的就是要"让生命消逝的殡仪之地成为唤起生命觉醒的生命教育基地"。

殡葬从业者应当为自己的职业骄傲，因为他们是生命礼仪师。同时，殡仪从业人员必须还原殡仪的本质，回到"事死如事生，事亡如事存"这种奉死敬生的传统，将殡葬业打造成中华民族的生命文化家园，提升行业形象。

殡葬职工以"奉死敬生"为职业道德，使他人的人生达到圆满。只有每个人圆满善终，优良的家风家道才能传承，中华文化才会源远流长。

四、提升殡仪服务人员的职业素养

1. 提高职业认同感和职业自豪感

（1）培养职业情感，提高职业认同感　殡仪服务工作不仅能让逝者有尊严地走，还能给家属以安心和慰藉，无论对生者还是逝者而言都很重要，可以说殡仪服务人员是在人生终点站送行的天使。殡仪服务人员要克服自卑心理，提高职业认同感和职业自豪感。

(2) 加强殡仪宣传，提高从业者的地位　政府和殡仪行业及单位也要加强宣传，主流媒体要利用清明节、国家公祭日、烈士公祭日等重要日期宣传殡仪，与社区开展联谊，在特定的时间举办殡仪馆开放日活动等，定期将殡仪馆向社会开放，展示殡仪行业的最新发展和规范服务内容、服务人员的工作内容与敬业的工作态度等，提高从业者的地位。

(3) 提升职业自豪感　加强生死教育及生命文化教育，把殡仪作为生命文化活动，不能把殡仪看作是处理遗体的一种活动，否则只能看到服务的对象就是遗体和骨灰，完全忽略了家属的情感及文化需求，无法认识到殡葬职工所肩负的生命教育和生命传承的使命。殡葬服务人员是生命礼仪师，给逝者以尊严，礼赞所有的生命。

2. 提高职业技能

(1) 接受殡仪学历教育　我国殡仪教育起步较晚，1995 年开始才有专门的殡仪专业教育，1999 年将殡仪专业纳入高等教育。2019 年，国家新批准了陵园管理与服务专业。

(2) 参加殡仪行业学习和训练　2009 年，我国首部《殡仪服务从业人员资质条件》国家标准正式实施，要求殡仪服务人员具备专门的从业能力，持证上岗对从业人员也提出了更高的要求。已经参加工作的，需要提高技能的，可以参加职业技能培训并参加鉴定，获得相应职业资格证书，满足持证上岗需求。

(3) 根据自己的职业规划与单位需要进行自学　不同单位和岗位对殡仪服务人员职业技能的需求不同，服务人员更多的是根据本单位需求，学习和掌握单位和客户需要的服务知识。信息化、科技化的发展是大势所趋，殡仪行业职工文化素质水平并不高，很多从业者年龄较大、学习能力较弱，这就需要殡葬服务人员主动学习互联网技术。

3. 提高身心素质，掌握心理抚慰技能

(1) 提高身心素质　服务人员可能面临着加班、倒班情况，要培养良好的生活习惯，健康饮食，勤于锻炼身体，提高身体素质和心理素质。保持乐观的情绪，遇到情绪不稳定的家属，能认知到他们情绪有问题，要学会控制和调节自己的情绪，以免发生冲突。遇到棘手纠纷，可以请领导和同事协助解决问题，提高克服挫折的能力。

(2) 正确认识压力和偏见　殡仪服务人员工作周期较特殊，可能会承受较其他行业更多的压力或偏见。殡仪服务人员要正确认识服务业的性质。面对偏见时，要学会用优质的服务赢得客户和社会的认可，要相信随着服务水平的提高，殡葬业会受到越来越多人的接受和理解，殡仪服务人员也能自豪地告诉别人自己的职业。

(3) 掌握心理抚慰技能　殡仪服务人员和医院、监狱的工作者一样，直面生死，见惯了各种生死别离，对珍惜生命有更深的了解，这是殡葬业的优势。殡仪服务人员要认识到处理遗体只是服务过程中的一个环节，安抚家属也是至关重要的事情，可以学习心理学相关知识，将心理支持技术运用到平时的服务中去，对服务对象做一些适当的心理抚慰，协助他们接受现实，走过这一段，重建生活。

五、合理规划职业生涯

1. 殡仪服务人员职业等级及要求

2021 年 11 月 25 日，人力资源社会保障部、民政部共同制定的殡仪服务员等 5 个国家职业技能标准，正式颁布施行。不同级别殡仪服务员申报条件表见表 3-1。

表 3-1　不同级别殡仪服务员申报条件表

等级	具备下述条件之一
五级（初级）	1. 累计从事本职业或相关职业工作 1 年及以上。 2. 本职业或相关职业学徒期满。
四级（中级）	1. 取得本职业或相关职业五级/初级工职业资格证书（技能等级证书）后，累计从事本职业或相关职业工作 4 年（含）以上。 2. 累计从事本职业或相关职业工作 6 年（含）以上。 3. 取得技工学校相关专业毕业证书（含尚未取得毕业证书的在校应届毕业生）；或取得经评估论证、以中级技能为培养目标的中等及以上职业学校本专业或相关专业毕业证书（含尚未取得毕业证书的在校应届毕业生）。
三级（高级）	1. 取得本职业或相关职业四级/中级工职业资格证书（技能等级证书）后，累计从事本职业或相关职业工作 5 年（含）以上。 2. 取得本职业或相关职业四级/中级工职业资格证书（技能等级证书），并具有高级技工学校、技师学院毕业证书（含尚未取得毕业证书的在校应届毕业生）；或取得本职业或相关职业四级/中级工职业资格证书（技能等级证书），并具有经评估论证、以高级技能为培养目标的高等职业学校本专业或相关专业毕业证书（含尚未取得毕业证书的在校应届毕业生）。 3. 具有大专及以上本专业或相关专业毕业证书，并取得本职业或相关职业四级/中级工职业资格证书（技能等级证书）后，累计从事本职业或相关职业工作 2 年（含）以上。
二级（技师）	1. 取得本职业或相关职业三级/高级工职业资格证书（技能等级证书）后，累计从事本职业或相关职业工作 4 年（含）以上。 2. 取得本职业或相关职业三级/高级工职业资格证书（技能等级证书）的高级技工学校、技师学院毕业生，累计从事本职业或相关职业工作 3 年（含）以上；或取得本职业或相关职业预备技师证书的技师学院毕业生，累计从事本职业或相关职业工作 2 年（含）以上。 3. 取得相关专业助理工程师等初级专业技术职称后，在服务一线从事技能工作 3 年（含）以上。 4. 取得相关系列（专业）中级专业技术职称及以上。
一级（高级技师）	1. 取得本职业或相关职业二级/技师职业资格证书（技能等级证书）后，累计从事本职业或相关职业工作 4 年（含）以上。 2. 取得相关系列（专业）中级专业技术职称后，在服务一线从事技能工作 3 年（含）以上。 3. 取得相关系列（专业）副高级专业技术职称及以上。

根据以上条件，不同学历学生可以按照上面的条件进行职业规划，在合适的时期去参加职业资格专业学习和培训，不仅可以掌握更规范的更专业的知识，更能考取不同职业资格，在较短时间提高自己的资格水平。

2. 了解民政行业技能人才建设

2011 年，《民政部关于印发〈关于进一步加强民政技能人才工作的意见〉的通知》发布。2011 年 7 月，人力资源和社会保障部发布的《高技能人才队伍建设中长期规划（2010—2020 年）》提出，到 2020 年底前，全国建成 1000 个左右的国家级技能大师工作室。

自 2012 年以来，民政部技能大师中有以下殡葬工作人员被选为技能大师工作室建设项目大师。

2012 年 2 人：天津市第二殡仪馆齐利，浙江省杭州市殡仪馆许康飞。

2013 年 4 人：北京市八宝山殡仪馆刘瑞安，无锡市殡仪馆余廷，上海市龙华殡仪馆王刚，襄阳市殡仪馆刘琳。

2014年9人：上海市龙华殡仪馆遗体防腐师张宏伟，郑州市殡仪馆遗体火化师刘凯，天津市第二殡仪馆遗体整容师王万喜，乌鲁木齐市殡仪服务中心遗体整容师张文革，南京市殡仪管理处遗体整容师夏开宝，苏州市殡仪馆遗体火化师李忠，昆明市殡仪馆遗体整容师王健，重庆市石桥铺殡仪馆遗体火化师谢运才，博兴县殡仪馆殡仪服务员齐卫东。

2016年2人：为殡仪教育教学做出贡献的2位技能大师，即北京社会管理职业学院孙树仁，长沙民政职业技术学院卢军。

对于民政部技能大师，大家可以登录民政部职业技能鉴定指导中心网站或其他网站，查阅和学习技能人才如何选定学习及技能专长，如何确立自己的职业发展目标及方向。

3. 制订职业发展规划

（1）自我分析　审视自己、了解自己，做好自我评估，包括自己的爱好、特长、性格、学识、技能、思维方式等。

（2）确立目标　职业生涯目标包括人生目标、长期目标、中期目标与短期目标，它们分别与人生规划、长期规划、中期规划和短期规划相对应。殡仪服务人员要根据个人的专业、性格、气质和价值观以及社会发展趋势，确定自己的人生短期目标，然后再把人生目标和长期目标进行分化，根据个人经历和所处组织环境制订相应的中期目标和短期目标。

（3）环境分析　充分熟悉与了解周围环境，评估环境因素对自己职业生涯发展的影响，分析环境的特点、发展变化情况，以及本专业、本行业的地位以及发展趋势，把握环境因素的优势与限制。

（4）职业定位　职业定位就是要使职业目标与自己的潜能及主客观条件达到最佳匹配，以自己的最佳才能、最优性格、最大爱好、最有利的环境等信息为依据，考虑性格与职业的匹配、爱好与职业的匹配、特长与职业的匹配、专业与职业的匹配等。

（5）制订职业生涯目标的行动方案

① 按照规划的短期、中期、长远发展目标制订阶段性的行动方案，再将阶段性的行动方案在日常可操作的层面进行细化。

② 制订专业学习计划。明确专业学习目标以及预期效果，在专业基本理论、基本知识和基本技能及专业能力方面制订学习计划。

③ 制订进程表。学习时间和进度安排表应包括两部分：一是总体学习时间和学习进度安排表，即3~5年；二是年度学习进程表，每一年学习哪些，如何对自己进行检查与考核等。

④ 完成计划的方法和措施。主要是根据自己的基础、学习能力、习惯、个人工作及家庭社会活动，确定合适自己的学习方法，可以参加学历教育、职业技能培训、短期培训、兄弟单位考察学习等。

（6）评估与反馈　职业生涯规划要在实施中去检验效果，及时诊断生涯规划各个环节出现的问题，找出相应对策，对规划进行调整与完善。在整个规划流程中正确地进行自我评价是最为基础、最为核心的环节，这一环节做不好或出现偏差，就会导致整个职业生涯规划各个环节出现问题。

4. 收集资料，认识优秀殡葬从业人员，谈谈对殡仪服务职业素养的认识

（1）通过各种渠道，收集殡葬从业人员先进代表及事迹。通过教师讲授、课外资料拓展，深刻领会殡仪服务人员应具备的职业素养。

（2）课内组织一次主题教育活动，学生制作PPT，分享殡葬从业人员的先进事迹。

（3）以小组为单位，结合自身的情况，相互交流对殡仪服务职业素养的认识与体会，并撰写心得体会。

复习思考题

1. 谈谈殡仪服务人员的职业道德。
2. 谈谈提升殡仪服务人员职业素养的方式。
3. 结合自身实际情况，制订职业生涯规划。

PPT课件

第四章 殡仪服务基本技能

课程思政资源

第一节 感知客户心理

学习目标

1. 了解如何认知客户心理。
2. 了解客户的一般需求。

一、公众及客户的殡葬心理

殡葬心理又称殡葬心理活动，是指人们在开展殡仪活动中的心理过程，它包括认识过程、情感过程和意志过程，表现为感觉、知觉、情绪、情感、习惯、成见、思潮和信念等，是人们对具体殡仪活动在人脑中的直接反映。

1. 公众的殡葬心理

公众的殡葬心理反映的是社会殡葬心理，其内涵受时间和地域的限制，不同时代和不同地域的公众的殡葬心理可能会存在较大的差别。

（1）恐惧心理　对死亡的恐惧在社会上普遍存在，在人们身处险境时的不安全感、懦弱自卑和压抑感的后面常常潜伏着对死亡的恐惧感。殡仪服务人员首先要通过遗体恐惧关，以适应未来的实际岗位与工作。

（2）神秘心理　殡葬的神秘心理来源于人们对死亡的不解，对殡仪活动的不了解。尤其在面对猝死时难免会有不解之处。从积极的角度看，殡葬神秘心理的存在也能促使人们去揭示本领域的奥秘，有利于殡仪科学的发展。

（3）忌讳心理　历来人们对于殡葬事宜会存在忌讳心理，甚至不愿提及死亡、遗体、殡仪、殡仪馆、火葬场等词汇，总想找出相关词来代替。此种情形大多可以理解，但可以通过正确的死亡教育予以纠正。

2. 客户的殡葬心理

客户本身除了具有上述公众的殡葬心理，还会产生下列殡葬心理。

（1）悲痛心理　人生最大的痛苦莫过于失去亲人，特别是失去最亲的人。丧亲者常常会痛不欲生，至亲者的去世是生命中的损失，由此引发的悲痛是人间最沉重的。关注过死亡、沉思过死亡、理解生死智慧、寻找到某种超越死亡的方法，能相对平稳地度过丧亲阶段，过上新生活。

（2）报恩心理　报恩心理是人们对于长辈怀有一种送终报答的心理。报恩心理，有时也会表现在曾经给自己很多帮助的师长和朋友等身上，因为恩有国恩、家恩、师恩、亲戚恩、朋友恩等不同的种类。传统的厚葬大多数是在报恩心理的支配下完成的。

（3）愧疚心理　听闻亲人噩耗，人们会陷入悲苦之中，严重者会情感麻木或者昏厥。如果逝者离世时比较突然、非正常死亡、没有得到有效医治，或者未能在亲人临终前见最后一面，丧亲者会感到自责和愧疚，经常回忆起过往的细节，感到自己有过错，有时丧亲者需要他人的帮助才能调整自己，摆脱愧疚心理。这时，殡仪服务人员可以安排家属为亲人写生平、悼词、答谢词、挽联等抒发其情感，或者让他们做一些清洗面部、梳头、扣扣子等简单的劳动，以减轻愧疚心理。

（4）依恋心理　生者对逝者依恋表现在感性和理性两方面。一是在感情上对朝夕相处的亲人存在难以割舍的感性依恋。如患难与共的老夫妻之间，一人去世后，另一人如果长期摆脱不了依恋心理，就很容易因此而卧床不起。另一种是理性依恋，是指因对逝者人格、业绩和学识等的崇拜而产生的依恋。

（5）盲从心理　盲从心理是从众心理的表现。从众指个人的观念与行为，由于受到群众的引导或施压，趋向于与大多数人一致的现象。在小型家庭里，十几年甚至几十年才办一次丧事，不知道如何办，就按照别人办事的方法去办，认为别出错就好，所以很多人会跟风，盲目从众。

（6）炫耀心理　炫耀心理表现为选择价位比较高或者奢侈的殡葬产品或服务，使自己感到超过别人，有优越感，选择的商品或服务超越了其实用价值。中国人历来家族观念强，不经意间可能会导致攀比成风、炫耀成性，形成不良风气。殡葬业要引导人们节俭办丧事，移风易俗，形成科学的死亡观、殡葬观。

3. 客户心理需求分析

殡仪服务的核心是"以客户为中心"。客户主要有以下几种心理需求。

（1）求尊重　客户都有满足自尊心、虚荣心的需求。尽管大部分人在社会上是普通人，却希望别人将其看作一个不同于其他人的人而受到尊重和接待。这就要求服务人员在态度上要表示出热情和友善，听其吩咐，对其关心，礼貌周到。

（2）求舒适　客户来办理相关业务，首先要让其感受到温馨的环境，如宽敞干净的大厅、礼貌端庄的服务人员，这样才会让客户感到温馨舒适。

（3）求安心　客户离开自己熟悉的工作和生活环境，来到殡仪服务机构这个相对陌生的环境，心中会存有担心和疑问，殡仪服务机构应考虑所提供的服务应尽量使客户安心。

（4）求亲切　殡仪服务是人对人的直接服务，是由殡仪服务人员直接提供的。因此，必须让客户感到殡仪服务人员的服务充满着尊重之心和友好之情，让其感受到殡仪服务人员的亲切感。

（5）求安全　来到殡仪服务机构，每一个人都希望自己的财产、健康和精神不受到伤害。

（6）求价格　虽然有相当一部分客户的消费水平较高，但这并不等于他们花钱无所顾忌。对消费者来讲，他们希望所得到的服务与他们的支出是等值的，甚至是超值的。提供优美的环境、良好的气氛、优质的服务、合理的价格，才会让客户感到物有所值。

二、了解客户心理的途径

了解客户的方式有间接的也有直接的。间接的方式是指通过档案、预订信息、接待单等了解客户，直接的方式是通过对客户的观察和与客户的接触来体现。最直接的方式就是观察，观察客户的眼神、表情、言谈举止。以下是观察并理解客户的几个要点。

1. 注意观察客户的外貌特征

正确辨别客户的身份，注意客户所处的场合。客户职业、身份不同，对服务工作就有不同需求。客户在不同场合对服务需求心理也是不一样的，这就要求殡仪服务人员应该根据客户的不同性别、年龄、职业、爱好为其提供有针对性的服务。

2. 注意倾听客户的诉说

对话交谈、自言自语等直接表达形式有助于殡仪服务人员了解客户的籍贯、身份、需要等，分析其语言，并仔细揣摩客户的心理，有助于理解客户语言所表达的意思，避免产生误解。

3. 读懂客户的无声语言

无声语言比有声语言更复杂，可以分为动态和静态两种。动态语言即首语、手势语及表情语。客户的行为举止和面部表情往往是无声语言的流露，客户的心理活动也可以从这方面表现出来。殡仪服务人员要学会察言观色，通过对客户面部表情如眼神、脸色、面部肌肉等方面的观察，从而做出正确判断。静态语言为花卉语和服饰语，通过这些间接的表达形式可以反映出客户是否接受、满意等。

第二节　建立客户关系

学习目标

1. 能够因人而异地调整自己的沟通风格。
2. 熟悉对殡仪服务对象进行心理抚慰的基本方式。

一、建立良好客户关系的几个要素

沟通既是组织信息的正式传递，又是人员、团体间的情感交流。沟通是信息交流，指一方将信息传递给另一方，期待其做出反应的过程。客户对殡仪服务的需求是多样的，殡仪服务人员不仅要为客户提供基本的服务和整洁的环境，还要在服务过程中与客户沟通感情。客户来到殡仪服务机构，内心是无助的，需要殡仪服务人员把他们看作朋友和亲人。

1. 记住客人的姓名

在对客服务过程中，殡仪服务人员应记住客户的姓名，并以客户的姓氏去适当称呼客户，可以创造一种融洽的客我关系。对客户来说，当殡仪服务人员能够认出自己时，他会感觉受到了尊重。

2. 注意词语的选择

以恰当的词语与客户对话、交谈、服务、道别，可以使客户感到自己与服务人员的关系不仅仅是一种简单的商品买卖关系，而是一种有人情味的服务与被服务的关系。

3. 注意说话时的声音和语调

语气、语调、声音往往比说话的内容更重要，客户可以从这几方面来判断工作人员说话的内容背后是耐心还是厌烦，是尊重还是无礼。

4. 注意聆听

听与讲是殡仪服务人员在对客服务过程中与客户沟通的一个方面，注意聆听可以显示出对客户的尊重，同时有助于更多地了解客户，更好地为其服务。

5. 注意面部表情和眼神

面部表情是服务人员内心情感的流露，即使不用语言说出来，其表情仍然会告诉客户，态度是好还是坏。当自己的目光与客户不期而遇时，不要回避，也不要死盯着客户，要通过适当的接触向客户表明自己为其提供服务的诚意，因为眼睛是心灵的窗户。

二、建立良好客户关系的技巧

1. 善于预见和掌握客户的动机和需要

在对客服务过程中，殡仪服务人员应善于体察客户的情绪及获得服务后的反应，并采取针对性的措施。

2. 善于理解和体谅客户

在对客服务过程中，殡仪服务人员应多从客户的角度来考虑问题。

3. 对客服务要言行一致

殡仪服务人员要重视对客户的承诺，不光说得好，而且要做得好。

4. 平等待客，一视同仁

提供优质服务的基础是尊重客户，任何一位客户都有被尊重的需要，绝对禁止以貌取人和以职取人，应平等、友好地对待每一位客户。

5. 真诚的态度和热情周到的服务

真诚、周到的服务会使客户感受到殡仪服务人员对自己的关心、理解和体谅，并满足自己的正当要求。

三、心理抚慰常识

1. 心理抚慰的基本概念

（1）心理障碍　心理障碍是指心理活动中出现的轻度创伤，是在特定的情境和时段由不良刺激引起的心理异常现象，属于正常心理活动中暂时性的局部异常状态。心理障碍有的表现为悲伤恐惧、情绪烦躁、焦虑抑郁，有的表现为沮丧、退缩、自暴自弃，或者表现为愤怒，甚至冲动报复。如果持续性的心理障碍长期得不到调整，就会导致各种精神疾病。

（2）应激反应　应激反应是指人的机体对各种内、外界刺激因素所做出的适应性反应的过程，是一种全身性的适应性反应。应激反应包括三个阶段。

① 警觉期。机体受刺激时，会通过一系列的神经生理变化，紧急动员体内资源，处于

战备状态，可分为休克期和抗休克期。休克期可能会出现血压下降、血管渗透性增高、血液浓度降低以及体温下降等休克症状，抗休克期的表现则相反。

② 抵抗期。这个时期机体充分利用体内资源，运用防御手段，对付各种紧急情况，使之适应环境，以避免伤害。

③ 枯竭期。这一时期机体内抵抗激素和重要微量元素耗尽，某些细胞和组织遭到破坏，出现创伤后的一系列应激障碍，此时防御手段已不起作用，若继续发展，将会导致死亡。

因此，当人们受到大的压力或刺激时，应先做自我调整，做好心理准备。

(3) 居丧反应　居丧反应是指亲人离世后的一种悲伤性应激反应，包括急性反应和慢性反应两种。

① 急性反应。它是指当看到亲人死亡或听到噩耗后就陷于极度的震惊和痛苦之中，也可能会出现呼吸困难或痛不欲生的哭叫，严重者情感麻木、昏厥，甚至猝死。

② 慢性反应。居丧急性反应过后就进入了平缓的慢性反应，这一时期会出现一些症状：焦虑、抑郁、自责、疲乏、失眠、食欲降低和其他胃肠道症状，头脑里常会出现幻觉，难以坚持日常活动，甚至不能料理日常生活。关系越密切的人，产生的悲伤反应越强烈，持续时间越长，居丧慢性反应期会越长。严重抑郁者可能会产生厌世或自杀企图，如悲伤或抑郁情绪持续6个月以上，有明显的激动或迟钝性抑郁症状，是病理性居丧反应，应进行心理治疗。

(4) 心理治疗　心理治疗是指由经过系统训练的专业人员运用心理学知识和技巧，影响或改变心理障碍者的认识、情绪和行为等心理活动，改善其心理状态和行为及与此相关的症状。治疗手段主要是陪伴，对治疗对象进行开导，同治疗对象进行言语的交流，必要时可用抗精神病药、抗抑郁药和抗焦虑药综合治疗。治疗重点是影响和改变治疗对象的认知活动、情绪情感和定向行为，解除患者的心理负担和痛苦。

(5) 心理抚慰　心理抚慰有时也叫心理慰藉，属于心理干预的一种。心理抚慰是在心理学理论的指导下，对个体和群体的心理健康问题和行为施加策略性的影响，使其向预期目标发展的活动。进行心理抚慰的抚慰者不一定是有职业资质的专业技术人员，多数情况下是丧亲者的亲朋好友以及在殡仪领域有经验的职工等。在一些发达地区，在殡仪场所有开展心理抚慰工作的殡仪志愿者。

2. 心理抚慰的基本方式

(1) 心理抚慰形式　心理抚慰最常见的形式是面对面抚慰、电话抚慰、网络抚慰。

① 面对面抚慰。面对面抚慰是开展心理抚慰的主要形式。抚慰者要及时、详细、全面、准确地了解抚慰对象的心理和身体状况，有针对性地实施倾听、解释、疏导和具体抚慰。

② 电话抚慰。电话抚慰是指对处于紧急心理障碍、精神崩溃或有自杀企图的抚慰对象，通过拨通专用电话，向抚慰者求援。这种方式具有快速、方便、经济和匿名等优点。亲朋好友也可以通过电话对丧亲者进行心理抚慰。

③ 网络抚慰。网络抚慰是指利用现代网络技术，通过网上聊天、发送电子邮件、视频对话等进行的心理抚慰。

(2) 心理抚慰技术　在进行心理抚慰时，可根据不同情况，灵活把握使用心理抚慰技术，主要有以下三方面。

① 沟通。良好的沟通是开展抚慰工作的基础和保证，沟通时注意聆听，少用专业术语，多用通俗易懂的语言交谈，利用可能的机会提升抚慰对象的内省与自我感知能力。

②关怀与支持。多关怀，多给予精神上的支持，在初始阶段，由于抚慰对象比较焦虑，首先要稳定其情绪。这时可通过暗示、保证、疏导、转移注意力等手段减轻抚慰对象的痛苦。

③危机干预。危机干预技术又称解决问题的技术，主要目的之一是让当事者学会应对困难和挫折，帮助当事者正视危机，学习应对方法，并在日常生活中为其提供可能的帮助。

（3）心理抚慰步骤 心理抚慰步骤包括心理问题评估、制订计划、心理干预和解决危机。

①心理问题评估。在抚慰初期，抚慰者应全面了解和评估抚慰对象的主要心理问题、持续时间、诱因、寻求帮助的动机，并与其建立良好的沟通合作关系。

②制订计划。针对具体问题、目标和目前抚慰对象的心理危机水平，制订可行的心理抚慰计划。

③心理干预。心理干预是处理心理危机的最重要阶段，绝大多数的心理危机者缺乏应对、处理和解决问题的能力，需要外界干预，在外力的帮助下使其开始新生活。

④解决危机。运用心理服务技术解决危机。

（4）心理抚慰方法与技巧 心理抚慰的一般方法如下：抚慰者倾听、了解抚慰对象的心理问题，让抚慰对象明白自己的问题，和抚慰对象一起寻求解决问题的途径，帮助抚慰对象克服心理障碍。心理抚慰的基本技巧有以下4种。

①耐心倾听。倾听是一门艺术，耐心倾听具有一定的心理抚慰效果。抚慰者在倾听时要做到以下几点：眼睛注视着说话的人；不时地点头；做出反应或说"嗯""是"；听对方话里的真正含义，重复对方的话语或对其进行归纳；不要打断对方，善于引导；去掉主观设想。

②解释指导。对倾听到的问题进行分析，针对具体的心理问题，采用通俗易懂的语言，分析其心理问题产生的原因，讲清心理问题的性质和有关具体要求，给出指导意见或建议，解开抚慰对象心中的疑问，缓解其不良情绪。

③鼓励保证。鼓励抚慰对象振作精神、鼓起勇气，要有必胜的信念；保证会陪伴抚慰对象度过这一时期，要用坚定的语调来表达。

④语言暗示。成功的暗示可以减轻抚慰对象的症状，不留下有意而为的痕迹，顾全抚慰对象的自尊心，使其意识到自己是有能力解决好自己的心理问题和战胜眼前的困难的。

复习思考题

1.分析殡葬心理。3~5人组成一个小组，以小组为单位，分析公众及客户的殡葬心理的特点。

2.以小组为单位，分析了解客户心理的途径并记录。

3.以小组为单位，进行治丧者心理辅导模拟。

PPT课件

第五章 殡仪服务准备

课程思政资源

第一节 殡仪服务人员个人准备

> **学习目标**
>
> 1. 能熟练掌握殡仪服务人员个人准备的要求。
> 2. 能够根据要求穿戴工作服、工作牌。
> 3. 熟练做好个人仪容仪表的准备工作。

一、塑造殡仪服务人员的自我形象

自我形象是其仪表、仪容、仪姿、仪态等方面给人的印象,是一个人内在与外在的各方面因素综合协调形成的系统化的整体形象。形象可以塑造,每个人都可以扬长避短进行自我形象设计,塑造出一个最佳的自我形象。

殡仪服务人员的自我形象包括自我定位和自我形象塑造、良好的工作状态和大方得体的仪容和仪表。

1. 自我定位和自我形象塑造

自我定位是指认识自己的优缺点,明白自己的存在价值,以及行业中、人生中和社会中创造的相关价值。殡仪服务人员要将自己塑造得大方、得体、和蔼、可信任,工作中要情绪饱满、愉快,不仅能使殡仪服务对象产生亲切感、信赖感,还能让丧亲者感受到温情,感受到殡仪行业的温度。

2. 良好的工作状态

人们在工作中会遇到各种困难,殡葬工作中遇到的多是丧亲者,他们心理和生理都备受煎熬,可能会有一些非理性举动,殡仪服务人员要理解他们的痛苦,谅解他们的过错,接纳他们的过激言行,忍耐和克制自己的行为,认真对待工作,以平常心做好服务,帮助其缓解痛苦。殡仪服务人员还要关注自己的身心情况,如果身体和心理状况不佳,要及时寻求领导和同事的帮助,不能因不佳的精神状态、身体状况、家庭问题、工作环境和个人情绪等因素影响正常工作。

3. 大方得体的仪容和仪表

仪容是个人容貌,殡仪服务人员的仪容要整洁大方、美观得体,显示出自然美、健康美和内在活力美,让人感到精神面貌良好,充满生机,给人以力量。仪表是人的外表,包括个人卫生、容貌、服饰、姿态和风度等。殡仪服务人员的服饰要规范、整洁、挺括,扮饰得体,训练有素,举止端庄大方。扮饰得体不仅能给人以美好的第一印象,也是自尊自爱的表现，更是尊重他人的需要。

殡仪服务机构会为服务人员发放工作服，统一着装。服务人员要及时更换、清洗工作服，每天工作之前确认仪容仪表，给殡仪服务对象留下美好的第一印象，以展示殡仪服务机构的整体形象。为了保持仪容的美感，要勤洗澡、勤换衣。在公共场合避免做出一些不雅的行为，和人说话时不要口沫四溅，衣服面料不要太透，不要穿化纤成分太高的衣服，容易产生静电，穿短裙时要穿长筒袜，不要穿短袜或裸脚，不要穿露脚趾或脚跟的鞋，应穿尖头高跟鞋。

二、打造良好心理品质

从广义讲，心理品质是指殡仪服务人员热爱本职工作、大公无私、全心全意为殡仪服务对象服务的心理状况；从狭义讲，是指殡仪服务人员在认识过程、情绪、意志和性格等方面应具备的相应的心理品质。

1. 认识过程中的心理品质

认识过程包括感觉、知觉、记忆、想象和思维等方面内容。殡仪服务人员在工作中要具备敏锐的观察力，善于通过服务对象的言行特点观察他们的内心活动。当服务对象的情绪出现问题时，能采取积极有效的措施。

2. 情绪方面的心理品质

殡仪服务人员的情绪对殡仪服务对象有直接的影响，殡仪服务人员的情绪饱满，不仅能使殡仪服务对象产生亲切感、信赖感，还能使殡仪服务对象在办理丧事时产生积极的情绪体验，这种情绪往往会在较长时间里影响殡仪服务对象对殡仪服务人员的态度，这是一种肯定性的情绪。

3. 意志方面的心理品质

殡仪服务人员在进行殡仪服务活动中，会遇到来自主观和客观方面的各种困难，如果没有克服困难的意志品质，是很难圆满完成任务的。殡仪服务人员应具备果断、坚韧，宽宏大量，善于忍耐和克制的品质，能体谅殡仪服务对象的心情。

4. 性格方面的心理品质

性格是个性心理的核心，优秀的服务人员应该认真负责、热情理智、勤劳坚毅、耐心细致、灵活果断、沉着冷静，对待殡仪服务对象诚恳正直、有礼貌、乐于帮助。殡仪服务人员始终要保持性格开朗、稳重大方、自尊、自强和自爱。

三、对殡仪服务人员的仪容仪表的要求

（一）总体要求

对殡仪服务人员仪容仪表的总体要求就是内强素质、外塑形象、尊重自己和他人。

1. 整体性

殡仪服务人员的仪容仪表必须符合整体性原则的要求，即仪容仪表要与其言谈举止，以

至于修养等相联系、相适应，并融为一体。外表美表现在姿态正确、身体洁净、外表文雅、指甲干净、皮肤健康、牙齿白净、头发干净、服饰得体等方面。另外，要注意整体和谐统一，给人真正美的感受。

2. 内外兼修

仪容仪表美是外在美和内在美、仪表美与心灵美的统一，殡仪服务人员要注意多学习。

3. 服从管理

殡葬业是服务窗口，对仪容仪表的要求更严格，很多殡仪服务机构对员工的仪容仪表都有规定，员工按制度规范自己的言行，服从单位的要求，勤于督促和检查，提升自我和单位的形象。

（二）仪容礼仪

1. 发式

头发梳理得体、整洁、干净，不仅体现了良好的个人面貌，也是对人的一种礼貌。对殡仪服务人员发式的要求如下。

（1）头发整洁，无异味　要经常理发、洗发和梳理，上班前要将散落的碎发等梳理干净，保持头发整洁、无异味。

（2）发型大方、得体，不染发　殡仪服务人员头发的长度要适宜，前不及眉，旁不遮耳，后不及领。男性不能留长发、大鬓角，不能剃光头，不允许留络腮胡子和小胡子；女性不梳披肩发，前刘海不可遮挡眼睛，头发过肩应扎起来并盘发，有条件的单位要配备统一的盘发发卡，让人感到单位统一规范的管理，更不可将头发染成怪异的颜色。

2. 面部

面部必须干净清洁，使自己容光焕发、生机勃勃。男性的胡须要刮净，鼻毛应剪短，不留胡子；女性可化淡妆，不能浓妆艳抹，避免使用气味浓烈的化妆品。

3. 指甲

要经常修剪和洗刷指甲。不能留长指甲，指甲的长度不应超过手指指尖；要保持指甲的清洁，指甲缝中不能留有污垢，不要涂有色的指甲油。

4. 个人卫生

要注意个人卫生，做到勤洗澡、勤换衣袜、勤漱口，保持牙齿和口腔清洁，身上不能有异味。上班前不能喝酒，吃过刺激性或有异味的食物后要及时做口腔除味处理。要尽量少抽烟、少喝浓茶。

（三）着装及饰品佩戴礼仪

1. 着装礼仪

殡仪服务人员的服饰穿着一般要求整洁合体、美观大方，并能与特定的环境和谐，与接待殡仪服务对象的需要相适应，有助于体现殡仪服务人员的职业特征，能给客户一个清新、明快、朴素、稳重的视觉印象。假如殡仪服务人员穿着褶皱不堪、样式古怪、极端花哨的服饰，会给客户一种极不雅观的印象，引起对殡仪服务人员个人品质的怀疑，从而不愿与其接近或交谈。

2. 殡仪服务人员着装的基本要求

（1）穿着制服　殡仪服务人员上班在岗必须穿制服，这是一般的行业要求。制服外衣、衬衫、鞋袜配套，要注意整洁美观。制服必须合身，注意四长（袖至手腕、衣至虎口、裤至脚面、裙至膝盖）、四围（领围以插入一指大小为宜，上衣的胸围、腰围及裤裙的臀围以穿一套羊毛衣裤的松紧为宜）；内衣不能外露；不挽袖卷裤；不漏扣、不掉扣；领带、领结与衬衫领口的吻合要紧凑且不系歪；衣裤不起皱，穿前烫平，穿后挂好。总之，要做到上衣平整、裤线笔直、款式简练、高雅，线条自然流畅，便于从事接待工作。

穿西服时应当遵循"三个三原则"。

① 三色原则。穿西服正装时，全身上下的颜色不能超过三种。

② 三一原则。男士在重要场合穿西服时，身上有三个要件应该是同一颜色的，即鞋子、腰带、公文包。

③ 三忌原则。一是袖子上的商标一定要拆除；二是在非常重要的涉外商务交往中，忌穿夹克时打领带；三是袜子一定不能出问题。

殡仪服务人员宜穿黑色皮（布）鞋，皮鞋表面必须清洁、光亮，布鞋表面必须清洁。不能穿有破损的皮（布）鞋，不能穿有破洞、挑丝或补过的袜子。男殡仪服务人员的袜子应与鞋子的颜色相协调，一般为黑（蓝、灰）色；女殡仪服务人员的袜子宜与肤色相近，袜口不要露在裤子或裙子外边。

（2）戴服务牌　殡仪服务人员在工作前要按单位规定佩戴服务牌，正确佩戴方式有两种：一是将服务牌端正地别在左胸处；二是将服务牌端正地挂在胸前。殡仪服务人员不应将服务牌随意别在领子、裤子上或将其套在手腕上，更不应将服务牌戴得歪歪扭扭，不能佩戴破损、污染、掉字或模糊不清的服务牌。

（3）饰物选择　殡仪服务人员在工作中最好仅佩戴结婚戒指和一般手表，尽量不要佩戴艳丽的首饰。

（四）表情

表情是人体语言中最为丰富的部分，是对人的内心情绪的反映。人们通过喜、怒、哀、乐等表情来表达内心的感情。构成表情的主要因素如下：一是目光、二是笑容。

1. 目光

目光是面部表情的核心，殡仪服务人员的目光应是坦然、亲切、友善、有神的。在与人交谈时，应当注视着对方，这样才能表现出诚恳与尊重，切不可左顾右盼、盯人太久、挤眉弄眼或白眼、斜眼看人。

2. 笑容

殡仪服务人员不能大笑、冷笑、嘲笑，可在适当的时候面露微笑、不露牙齿，使人感到亲切、热情和受到尊重，让丧亲者感到可以信赖。

（五）语言得体

民政部办公厅在印发的《殡仪馆职工服务规范》中，对殡仪服务人员的服务用语进行了严格的规定，明确提出了语言文明、服务周到的服务原则。要做到"三声四心"，即来有应声、问有答声、去有送声；接待热心、服务细心、解答问题耐心、接受意见虚心。语言要文明，说话要和气，待人要礼貌，让服务对象有"一语三春"的感觉。

1. 殡仪服务人员称呼

殡仪场合的称呼要合礼节、合常规，不但要照顾被称呼人的个人习惯，还要入乡随俗。

（1）对服务对象的一般称呼　不论何种职业、年龄、地位的人，对其最普遍的称呼是"×××家属"。对男士可称"先生"，对女士可称"女士"或"夫人"。

（2）以工作中的职务、职称称呼　以职务、职称、职业来称呼，如"处长""馆长""经理""组长""老师""医生"等。可以在这类称呼前加上姓氏，如刘馆长、吴经理，既表示尊重，又可以在人多时进行区分。

（3）对逝者的称呼　对于去世者一般称为"故人""往生者""遗体""尊体""大体""故先生""故老夫人""故太太"等。

（4）对死亡的称呼　对于死亡一般称为"离世""逝世""辞世""仙逝""长眠""百年""故去"等。

各地的风俗不同，殡仪服务人员到各地后，要向师傅请教如何称呼家属和治丧者，在工作中多观察，学会如何称呼别人。

2. 殡仪服务人员接待用语

殡仪行业是特殊行业，在接待服务称呼上应遵守语言规范，在特定语言环境下，应使用普通话或对方易懂的语言，使用规范的服务用语，称谓恰当、用词准确、语义明确、口齿清楚、语气亲切、语调柔和。注意有一些特殊禁忌用语不要使用，比如，将生理有缺陷的人称为"瘸子""瞎子""傻子""聋子"等；将残疾人称为"残废"；将去世的人称为"死人""尸首""死尸"等。

（1）日常服务用语　日常服务用语包括"您""您好""谢谢""请""您请坐""您请讲""请您节哀""多保重""请您原谅""请您稍候""逝者""您已故亲人""遗体""告别""逝者姓名""逝者家属""死亡原因""不客气""您有什么要求尽管讲，我们尽量满足您""让您久等了，对不起""这是我们应该做的""您还有什么不清楚的吗""请原谅""谢谢您的理解"等。

（2）接听电话用语　接听电话用语包括"您好，这是××殡仪馆业务电话"，"我是×××号调度员"，"您已故亲人叫什么名字"，"请告知逝者死因"，"遗体在什么地方"，"请您按约定的时间、地点等候"，"您的电话号码是多少"，"我们怎么联系家属"，"我们的司机会和您保持联系的"，"请您记住我们的车牌号×××"，"请您稍候，预计××分钟到达"。

（3）洽谈服务用语　洽谈服务用语包括"请问逝者死亡原因"，"请出示死亡证明、逝者和经办人的身份证"，"请稍候，按顺序办理手续"，"请到展示区选择丧葬用品"，"请确认一下您选择的服务项目"，"请您自愿选购"，"请您在阳光服务单上签字"，"请您仔细看看服务合同"，"如果没有异议，请您在合同上签字"，"请您慢走"。当客户提出的要求能达到时，应果断地回答"可以办""尽量令您满意"；如果达不到其要求，应客气地说明原因，耐心解释清楚，还要说一声"很抱歉"。

殡仪服务中的忌语包括"不知道""不行""办不了""快过来""死人""死尸""尸体""怎么死的"。殡仪服务文明服务用语见表5-1。

表 5-1 殡仪服务文明服务用语

序号	文明服务用语
1	逝者、已故亲人、遗体、尊体
2	请问什么时候去世的,请问逝者的姓名? 您好!请您节哀!请问有什么能为您服务的?
3	这是您选购的骨灰盒(花圈、追悼厅、寿衣、文明棺)等
4	您想了解的都写在这里,是您自己看还是我念一遍?
5	您想了解的挂在墙上,您自己看还是我帮您解答?
6	我再说一遍,您记下来,好吗?
7	对不起,请您稍等!
8	对不起,这会儿有点忙,请您稍等,好吗?
9	这件事我们现在办不了,需要咨询专业人士,请您稍等,好吗?
10	单位的规定是这样的,我们不按照规定执行会给您带来麻烦
11	对不起,计算机出了故障,我们马上维修,请您稍等!
12	我们再核对一遍,好吗?
13	您稍等,我问一下专业人士
14	这事不在我的权限内,要不您稍等一会儿,我向领导汇报后给您回话
15	对不起,您的要求以我们目前的条件无法满足,我们记下来,以后争取能有所改进

复习思考题

1. 收集网上宣传殡仪服务人员的图片,讨论图片给你带来的感受。
2. 谈谈对殡仪服务人员仪容仪表的要求。

第二节 工作环境与物品准备

学习目标

1. 了解工作准备的要求。
2. 能够根据要求布置工作环境。
3. 熟练检查备用物品,准备相应的物品和资料。

一、了解服务环境要求

服务环境是体现服务质量的重要方面,良好的服务环境能起到减轻客户悲伤的作用,其标准是"洁、绿、亮、美"。根据《殡仪接待服务》等标准,殡仪接待服务机构在营业场所的醒目位置应清晰地展示服务项目价格表、客户须知、殡仪服务行政主管部的监督电话、惠民殡葬政策等。

二、自身及环境准备

工作准备是殡仪服务人员在开始接待服务前，为更好地完成服务工作，进行的各种有关工作准备，包括以下内容。

1. 检查仪容仪表

班前要检查着装，佩戴工号等仪容仪表。

2. 打扫卫生，整理装饰环境

（1）将所有台面打扫一遍，桌子椅子都擦干净；饮水机、饮用水杯等保持洁净，放在指定位置；对有破损的物品进行记录并上报。

（2）打扫地面，保持清洁，洁具使用前后清洗、清理，按指定位置摆放；业务产生的废弃物、垃圾等及时清理，集中运送到垃圾池堆放。

（3）看停车区是否有足够车位。

3. 准备工作用品

殡仪服务人员在接待服务前，还需准备好服务中不可缺少的工作用品，放置在方便取用的地方，对其进行查验或补充。

（1）殡葬及相关用品　检查是否有缺失，价签等摆放是否到位；用于包扎用品的包装纸、捆扎绳、包装盒、裁纸刀、剪刀等是否备齐，发现短缺及时补充。计算机、所用的纸和墨粉等是否齐全，如短缺应及时补充。

（2）宣传用品　服务员在开展接待服务工作前，要准备好用于介绍、宣传殡仪服务的图片、文件、光盘、价目表等用品，以供赠送或服务对象自取。

（3）随身用品　检查是否随身携带圆珠笔，便于在工作时填写票据；是否随身带有小型计算器，便于在工作时进行必要的计算。

所有准备工作完成后，服务员应处于规定的工作位置，恭候服务对象的到来，以便及时开展殡仪服务工作。

三、做好交接班

1. 交班事项

（1）记录工作事项，主要包括服务信息、厅堂预订信息、火化炉预订信息、其他服务预订信息等。书写交接班本时，字迹一定要工整清晰。同时还需记录治丧者的问题、要求和投诉。对于特殊的要求，必须在记录时写清楚日期、时间、需求、联系人等详细情况。其他需要完善的事项，也必须写在交接班本上。

（2）对于未完成的服务项目，必须交接清楚、交代下一班执行。

（3）必须完成本班的预订输入及记录事项，并将相关表格和单据归档。

2. 接班事项

（1）阅读交接班本，及时询问相关事宜。

(2) 查看、核对家属信息,如有不明白的地方,要及时询问。

(3) 根据交接班本,核实交接物和存放物有没有遗失。

(4) 观察前台以及前台办公区域是否有尚未明白的物品和事宜并及时询问。

(5) 严格落实交接班签字制度,交接不清或接班人未在交接班本上签字的,应追究交接班人的责任。

3. 注意事项

交班工作必须做到"五清""四交接"。

"五清",即看清、讲清、问清、查清、点清。

"四交接",即岗位交接、记录交接、现场交接、实物交接。

复习思考题

1. 谈谈殡仪服务工作准备事项。
2. 如何做到"五清""四交接"?

实训二 个人服务礼仪训练

实训目标

1. 掌握引导服务礼仪的基本知识。
2. 掌握引导服务礼仪。

一、注视训练

1. 注视范围与时间

与人交谈时,目光应注视对方。目光一般局限于上至对方额头,下至对方衬衣的第二粒纽扣以上,左右以两肩为准的方框中;时间大致是总交谈时间的 1/3。

2. 注视角度

(1) 正视对方　为避免误解,要有正确的注视角度。与他人正面相向注视,同时还须将身体前部朝向对方。正视是交往中的一种基本礼貌,表示重视对方。

(2) 平视对方　注视他人时,目光与对方的目光处于相似的高度,表示双方地位平等、不卑不亢。

(3) 仰视对方　注视他人时,本人所处的位置比对方低,要抬头向上仰望对方,可以给对方留下信任、重视的感觉。

(4) 兼顾多方　工作时,为互不相识的多位客人服务时,需要按照先来后到的顺序对每一位给予注视,同时又要以略带歉意、安慰的眼神环视在旁边等候的人,用兼顾多方的眼神,对每一位服务对象给予兼顾,表现出善解人意。

二、站姿训练

站姿是人们在生活交往中最基本的姿势，也是生活中最基本的造型动作。站姿不仅要挺拔，而且要优美和典雅，是一种静态的美。

1. 站姿的基本规范要求

（1）面部　两眼平视前方，嘴巴微向上翘，下颌微含，表情自然，稍带微笑。
（2）肩臂　两肩平正，微微放松；两臂自然下垂，中指对准裤缝。
（3）躯干　挺胸收腹，腰部挺直，臀部向内、向上收紧。
（4）腿脚　两腿立直、贴紧，双脚脚跟靠拢，脚呈"八"字或"11"字。

2. 腿脚的站立姿势

（1）八字步　双脚呈"八"字形，即两膝和两脚后跟要靠紧，两脚张开的距离约为两拳。
（2）丁字步　双脚呈"丁"字形，其中一脚跟靠在另一脚窝处，如"丁"字，分左、右丁字步。
（3）平行式　男子站立时，双脚可并拢；也可双脚分开，与肩同宽。
（4）前屈膝式　女子站立时，可把重心放在一脚上，另一脚超过前脚斜立而略弯曲。

3. 站姿禁忌

对殡仪服务行业来说，站立时最忌讳的方面如下。
（1）东倒西歪　站立时东倒西歪，很不雅观。
（2）耸肩勾背　耸肩勾背或者懒洋洋地倚靠在墙边或椅子上。
（3）双手插袋或乱放　将手插在裤袋里，显得随随便便、悠闲散漫。不可双手交叉在胸前，这种姿势是拒绝姿势，显得傲慢无礼。双手抱于脑后、双肘支于某处、双手托住下巴都不行。
（4）做小动作　下意识地摆弄打火机、香烟盒，玩弄衣服、发辫，咬手指甲等，都有失仪表的庄重。

4. 训练站姿

单人训练，包括以下几个方面。
（1）五点贴墙法　靠墙站立，使后脑、双肩、腰部、小腿肚、双脚等五点紧贴墙壁。在室内靠墙站立，脚后跟、小腿、臀、双肩、后脑勺都紧贴墙壁，每次坚持15分钟左右，养成习惯，也可以到室外广场上、道路旁人员众多的地方面带微笑练习站立，这样更容易培养多方面的素质。
（2）贴背法　两人背对背相贴，部位同上，在肩背部放置纸板使其不掉下。
（3）顶书法　头顶书本，使颈挺直，收下颌，挺胸收腹，使书不掉下。

两人一组训练：背靠背站立，两人的后脑勺、双肩、背、臀部、小腿肚、脚后跟相互都贴紧，同时收腹、平视、面带微笑。

在训练中配以音乐，可以使心情愉快，站姿优美，也能够减少疲劳。

三、坐姿训练

坐姿是最常用的一种姿态，是一种静态的美，殡仪服务人员的坐姿应庄重、大方、娴雅。

1. 坐姿的基本规范要求

（1）身正　在身后没有任何倚靠时，上身应正直而稍向前倾，头平正，两肩放松，下颌向内收，脖子挺直，胸部挺起，并使背部与臀部呈一直角。

（2）腿脚自然　双膝并拢，双手自然地放在双膝上或放在椅子上，男女腿脚的姿势不同，训练时应该注意。

2. 女子坐姿

女子的正确坐姿是上身要正，几种坐姿的区别在于脚和腿的姿势。

（1）标准式　落座时，两膝并拢，上身前倾，向下落座。如果穿着裙装，落座时要用双手在后边从上往下把裙子拢一下，以防坐出褶皱或因裙子被打折坐住，使脚部裸露过多。坐下后，上身挺直，两肩平正，两手交叉叠放在两腿中部，并靠近小腹。两膝并拢，小腿垂直于地面，两脚保持小丁字步。

（2）前伸式　在标准坐姿的基础上，两小腿向前伸出一脚的距离，脚尖不要翘起。

（3）前交叉式　在前伸式坐姿的基础上，右脚后缩，与左脚交叉，两踝关节重叠，两脚尖着地。

（4）屈直式　右脚前伸，左小腿屈回，大腿靠紧，两脚前脚掌着地，并且在一条直线上。

（5）后点式　两小腿后屈，脚尖着地，双膝并拢。

（6）侧点式　两小腿向左斜出，两膝并拢，右脚跟靠拢在左脚内侧，右脚掌着地，左脚尖着地，头和身体向左斜。注意大腿、小腿要呈90°，小腿要充分伸直，尽量显示小腿的长度。

（7）侧挂式　在侧点式坐姿的基础上，左小腿后屈，脚绷直，脚掌内侧着地；右脚提起，用脚面贴住左踝，膝和小腿并拢，上身右转。

（8）重叠式　重叠式坐姿也叫"二郎腿"或"标准式架腿"等。在标准式坐姿的基础上，两腿向前，一条腿提起，脚窝落在另一条腿的膝关节上边。要注意上边的腿向内收，贴住另一条腿，脚尖向下。

重叠式坐姿还有正身、侧身之分，手部也可以进行交叉、托肋、扶把手等多种变化。

3. 男子坐姿

（1）标准式　上身正直上挺，双肩平正，两手放在两腿或扶手上，双膝并拢，小腿垂直地落在地面，两脚自然分开成45°。

（2）前伸式　在标准式坐姿的基础上，两脚前伸一脚的长度，左脚向前半脚，脚尖不要翘起。

（3）前交叉式　小腿前伸，两脚踝部交叉。

（4）屈直式　左小腿回屈，前脚掌着地，右脚前伸，双膝并拢。

（5）斜身交叉式　两小腿交叉向左斜出，上体向右倾，右肘放在扶手上，左手扶把手。

（6）重叠式　右腿叠在左膝上部，右小腿内收，贴向左腿，脚尖自然地向下垂。

4. 坐姿注意事项

（1）入座轻缓，起座稳重　不要坐满椅子，即可就座的服务员，无论坐在椅子或沙发上，最好不要坐满，只坐椅子的一半或2/3，注意不要坐在椅子边上。

（2）不可摇腿、抖脚　坐立时，腿部不可上下抖动、左右摇晃，这是非常不礼貌的。

（3）忌头部靠于椅背　切忌入座时前俯后仰、东倒西歪，忌手部置于桌下，双手应在身前，有桌时置于其上。

（4）忌手夹于两腿间或双手抱在腿上。

5. 训练坐姿

两人一组，面对面练习，并指出对方的不足。

坐在镜子前面，按照坐姿的要求进行自我纠正，重点检查手位、腿位、脚位。

每种坐姿训练15分钟以上，坐姿实训重点要求背部挺直和腿姿健美。

四、走姿训练

1. 走姿的基本规范要求

（1）身正　上身挺直，双肩平稳，目光平视，下颌微收，面带微笑。

（2）胸挺　挺胸、收腹，使身体略微上提。

（3）手臂自然　手臂伸直放松，手指自然弯曲，双臂自然摆动。摆动时，以肩关节为轴，上臂带动前臂。双臂前后摆动时，摆幅以30°～35°为宜，肘关节略弯曲，前臂不要向上甩动。

（4）步幅适中　步幅不要太大，跨步时两脚间的距离适中，以一个脚长为宜，步速保持相对稳定，既不要太快，也不能太慢（60～100步/分钟）。

（5）女士行走时，走直线交叉步，上身不要晃，保持双肩水平。

不雅的走姿如下：方向不定，忽左忽右；体位失当，摇头、晃肩、扭臀；扭来扭去的"外八字"步、"内八字"步和脚拖地面；左顾右盼，重心后坐或前移；与多人一起走路时，或勾肩搭背，或奔跑蹦跳，或大声喊叫等；双手反背于背后和双手插在裤兜内走路。

2. 训练走姿

（1）摆动双臂训练　身体直立，双臂以肩关节为轴自然摆动，双臂前后自然协调摆动，手臂与身体的夹角一般在10°～15°，摆幅应以30°～35°为宜。要纠正双肩僵硬、双臂左右摆动的毛病，使双臂摆动优美自然。

（2）步幅训练　在地上拉或画一条直线，行走时两脚内侧落在线上，检查步幅大小。注意要纠正"内八字""外八字"及脚步步幅过大或过小的毛病。

（3）行走训练　头顶一本厚书，先缓步行走，待协调后再加快脚步，保持行走时头正、颈直、目视前方，要克服走路时摇头晃脑、东张西望的毛病。

（4）走姿综合训练　各部位动作协调一致，上体要平直，双臂摆动对称、步态协调、优雅、自然，行走时配上节奏感较强的音乐，掌握好行走时的节奏和速度。

（5）其他行走姿训练　训练停顿、拐弯、侧身前行的走姿，以及引领、让路时的步态，训练上下楼梯，练习拿文件夹、公文包、背包步行。

五、蹲姿训练

蹲姿指在拿取低处的物品或拾起落在地上的东西时，不要弯上身、翘臀部，而做出的蹲和屈膝动作。下蹲时无论采取哪种蹲姿，都应掌握好身体的重心，避免在客户面前滑倒的尴尬局面出现。

1. 女性蹲姿

女性下蹲时，双脚稍分开，左脚在前、右脚稍后，两腿紧紧靠拢，中间不要有缝隙，不要低头，也不要弓背，要慢慢地使腰部向下，向下蹲。

2. 男性蹲姿

男性左脚全脚着地，小腿基本垂直于地面，右脚脚跟提起，脚掌着地。右膝低于左膝，右膝内侧靠于左小腿内侧，形成"左膝高、右膝低"的姿态，臀部向下，基本上以右腿支撑身体。

3. 不正确的蹲姿

（1）突然下蹲　在行进中需要下蹲的时候，要看看后边是否有人，不要突然下蹲。

（2）不要离服务对象太近　下蹲时，应和客户保持一定距离，以防彼此"迎头相撞"或发生其他的误会。

（3）避免方位失当　在客户身边下蹲时，最好是和客户侧身相向，不要正面面对客户或背部面对客户。

4. 高低式蹲姿训练

高低式蹲姿是双膝一高一低，下蹲时，左脚在前、右脚稍后。左脚完全着地，小腿垂直于地面；右脚脚掌着地，脚跟提起。右膝低于左膝，右膝内侧靠在左小腿内侧，形成"左膝高、右膝低"的下蹲姿态。

女性下蹲时应两腿靠紧，男性下蹲时两腿可适度地分开，臀部向下，以右腿支撑身体。高低式蹲姿适用于所有服务人员，工作时极为方便。

六、礼仪手势

手势呈现动态美，手姿运用规范、适度，能给人以优雅、含蓄、彬彬有礼的感觉。

1. 一般手势的规范标准

（1）五指伸直并拢，掌心向斜上方，腕关节伸直，手与前臂形成一条直线。

（2）以肘关节为轴，手掌与地面基本上形成45°，肘关节以弯曲140°左右为宜。

2. 礼仪手势的含义

（1）掌心向上，有诚恳、尊重他人之意。

（2）不要用拇指指着自己或用食指指着他人。用食指指点他人的手势是不礼貌的行为，食指只能指物品。

（3）谈到自己时，应用手掌轻按自己的左胸，这样会显得端庄、大方、令人可信。

在引路、指示方向时，手指自然并拢，掌心向上，以肘关节为支点，指示目标，切忌伸出食指来指点。

3. 手势的训练

（1）双手自然搭放　以站姿为客户提供服务时，上身挺直，两臂稍微弯曲，肘部朝向外侧，双手手指搭放在柜台或桌面上，指尖朝前，大拇指与其他四指稍分离，搭在柜台或桌面边缘处。不能将上身趴伏在身前的柜台或桌面上或将双手的整个手掌支撑在柜台或桌面上。

以坐姿为客户提供服务时，身体趋近桌子，尽量挺直上身，将双手手掌放在桌面上。不能用胳膊支在桌面上，也不能用一只手或双手托着头。

（2）递接物品　一是双手递送。如果双手递送不方便时，可使用右手递送。二是直接将物品递于客户手中。递送物品，以直接将物品交到客户手中为宜。三是主动向前。应主动走近客户后递送物品，如果是坐着的，应起身站立递送和接取。四是方便接拿。在递送殡葬产品和骨灰盒时，应为服务对象留出便于接取的时间和空间，不能让对方无从下手；递送水杯时，将水杯把面向对方；接取客户递送的物品时，用双手或右手接取。

七、练习殡仪服务用语

以下是常见的接待用语，请你思考这些用语有哪些好的地方，有哪些可以完善的地方，并练习用普通话说这些殡仪服务用语。

（1）这里是殡仪服务中心，请问有什么能帮您的？
（2）这里是殡仪服务中心，随时为您服务。
（3）愿意为您服务，有什么需要请讲。
（4）需要帮助吗？请讲。
（5）请问什么时候去世的，请问姓名是？
（6）请留下您的详细地址和联系方式。
（7）我们再核对一遍，好吗？
（8）您想了解的写在这里，您自己看还是我念一遍？
（9）请稍等，我马上记下您的详细地址和联系方式。
（10）我再说一遍，您记下来，好吗？
（11）还有事要咨询吗？随时为您服务。
（12）您还有什么不满意的，可以直接找我投诉。
（13）对不起，您说的问题我之前没有遇到过，请您稍等，我问一下专业人士。
（14）对不起，这个问题需要咨询我们的专业人士。
（15）对不起，您说的以我们目前条件无法满足，我们记下来，以后争取能有所改进。
（16）对不起，我刚才态度不好，请您原谅。
（17）对不起，计算机出了故障，我们马上维修，请您稍等！
（18）对不起，这会儿有点忙。请您稍等，好吗？
（19）对不起，单位的规定是这样的，我们不按照规定执行会给您带来麻烦。
（20）对不起，这事儿不好办，要不您稍等一会儿，我向领导汇报后给您回话，好吗？

实训思考

站姿、坐姿、走姿、手势的要领具体有哪些？

PPT课件

第六章 接待引导服务

课程思政资源

第一节 辨识与了解客户

学习目标

1. 能够准确、全面地辨识和了解客户信息。
2. 掌握了解客户信息的技巧。

对于接待人员来说,需要细致深入地分析研究、透彻了解、准确把握客户的各种情况,做到心中有数。如果在这方面没做功课,在对客户并不了解的情况下直接为其介绍相关的服务项目与殡葬用品,往往会让客户达不到心理预期,反而会让客户反感,甚至会招致投诉。所以,接待人员要想准确而全面地了解客户信息,除应该具有一定的观察、判断、表达、沟通及组织能力以外,还应该掌握基本的接待礼仪知识、辨识客户类型等相关知识。

一、辨识客户

根据身份、死亡原因以及殡仪服务对象的需求、身份,大体可将客户分为五类:逝者家属、丧事委托人、和殡仪服务单位有业务往来的单位、逝者生前单位以及政府机构等。

1. 逝者家属

逝者家属一般是指逝者的直系亲属,直系亲属的范围包括配偶、父母(公婆、岳父母)、子女及其配偶、祖父母、外祖父母、孙子女(外孙子女)及其配偶、曾祖父母、曾外祖父母等。直系亲属具体可分为直系血亲和直系姻亲。

(1)直系血亲 自然直系血亲一般指父母、祖父母、子女、孙子女等。除自然直系血亲外,还包括法律拟制的直系血亲,如养父母与养子女、养祖父母与养孙子女。

(2)直系姻亲 即配偶的直系血亲,包括儿媳与公婆、女婿与岳父母。

面对亲人的离世,逝者家属是最难以接受和面对现实的,其心理变化大,不确定性因素很多。

2. 丧事委托人

有时直系亲属不能及时到场,会委托个人或组织去办理丧事,这种被委托人或组织称为丧事委托人。丧事委托人分为两种:一种是全权委托,即一切的治丧事宜都交由委托人签字确认、全权办理的,其会根据家属意愿,综合考虑各方面因素选定服务项目;另一种是部分委托,仅由家属委托其办理部分丧葬事宜,主要是遗体接运、冷藏等业务,其他事宜由直系亲属亲自到场办理。

3. 和殡仪服务单位有业务往来的单位

这类对象主要包括福利院、救助站等，一般办理治丧事宜都有自己的相关规定，流程比较简单，不会涉及很复杂的治丧事宜。

4. 逝者生前单位

这类殡仪服务对象都有自己专门的治丧机构。如果是在工作岗位上逝世的，就有可能涉及单位对家属的赔偿问题，因此这类殡仪服务对象都会和家属协商、沟通治丧事宜，由单位出面办理。他们都会有本单位的治丧管理规定，并在这个规定范围内选择服务项目。

5. 政府机构

大型的意外事故造成的人员罹难或在监狱死亡的犯人、无名遗体等一般由政府部门出面，按照国家规定安葬遗体、处理各种事项。殡仪服务单位只是负责协助政府部门处理。

在接待殡仪服务对象时，工作人员首先要查验相关证件、证明来确定以上几类客户，然后采取不同的方式沟通和接待。

二、了解客户信息

了解信息是一个双向的过程。作为殡仪服务人员，应当具备扎实的专业知识，对服务项目烂熟于心，能够解决客户的各种问题，从他的需求中读懂其需要什么。

1. 需要了解的信息

（1）客户的基本信息　客户包括逝者和生者。殡仪服务人员需要了解逝者的姓名、性别、出生年月、死亡时间、死亡原因、生前工作情况、具体家庭地址、个人好恶、遗体状况、有无传染病、有无外伤，以及治丧者的姓名、性别、年龄、具体家庭地址、与逝者的关系、联系方式、价值观、治丧需求等。

（2）与客户关系密切的其他人或组织的信息　主要包括客户的家庭成员构成情况，如配偶、子女、父母、旁系亲属，生前单位、公司有无治丧方案，以及工会、治丧委员会的情况等。

（3）客户需求　客户需求分一般需求和特殊需求。一般需求是客户对殡仪服务的需求，包括需要哪些服务、什么时间需要、是否按照一般流程办理、费用预算等。

特殊需求是不按一般流程办理、有特别的服务项目的需求。有些逝者对后事有特殊安排，治丧者对丧事有特殊要求的，殡仪服务人员在接待时需要问清楚并记录下来。另外，还有一些治丧者有一些禁忌，也需要注意。

2. 获取信息的渠道

获取客户信息的渠道有很多，例如，可以从他的亲友、同事口中获得客户的信息；另外，在和客户交谈时，要察言观色和认真倾听，也是获取客户信息的一个重要途径。获取客户信息的两种主要方式如下。

（1）电话咨询　电话已成为殡仪服务单位与殡仪服务对象之间最为常用的通信和交往工具，各个单位殡仪服务热线都是24小时值班。一些地区还申请了殡仪服务热线，如重庆市殡葬事业管理中心的96000热线。上海市民政局在2010年开通殡葬白事热线962840的基础上，于2019年开通殡仪服务平台，提供全市69家殡葬单位便民服务电话，设置白事流程、白事热线、白事顾问三个子栏目，并公布投诉热线962200。电话咨询及投诉已成为殡仪服务的重要部分。

殡仪服务对象通过拨打电话向殡仪服务单位咨询办理丧事事宜、预约殡仪服务项目、反映对殡仪服务内容和殡葬用品的意见等；而殡仪服务单位则通过电话为殡仪服务对象解答办理丧事的有关问题，了解其殡仪服务需求等。在社会上，电话已成为殡仪服务单位连接殡仪服务对象的窗口。殡仪服务人员的电话接待水平直接影响着殡仪服务对象对服务质量和殡葬用品的评价。电话咨询需要注意以下事项。

① 接听电话铃响不过三原则。当电话铃响起时，应尽快去接，如果电话铃响了五声以上才拿起话筒，应该先向殡仪服务对象道歉，如"对不起，让您久等了"。

② 接打电话做到简洁。"这里是××殡仪馆，您需要我们提供什么帮助？请讲。"

③ 倾听对方的讲话。电话交谈时语调要柔和，声音要亲切，吐字要清晰，语速快慢和语音高低要适中，不时地说"对""是""好的"，以示在倾听，不假声怪调。同时，对殡仪服务对象讲话的重点内容可做必要的简单重复。

④ 准备好笔和纸记录。对于重要的内容，应在纸上简明扼要地记录下来，如接遗体的时间、地点（具体到门牌号），逝者的姓名、性别、年龄和联系人的电话号码等，记录的内容应在电话交谈结束前与殡仪服务对象核对，以免记录有误。

⑤ 请对方先挂电话。如果是殡仪服务对象打进的电话，应尽量在殡仪服务对象结束谈话后，再轻轻地挂断，以示尊重对方。

⑥ 打电话。因工作需要给殡仪服务对象打电话时，应先确认对方的身份，如"请问，是××单位吗？""请问，是××先生（女士）的家吗？"在得到对方的确认后，殡仪服务人员再报出自己的单位和姓名，说出自己的事情，语气应当是商量式的，通话的时间一般以3～5分钟为宜。

⑦ 打电话禁忌。打电话时语气不可盛气凌人；打电话时，不能吸烟、喝茶、吃东西，或是对着话筒打哈欠；不可同时与其他人闲聊；不要让对方感到难堪。

（2）面对面交谈　面对面交谈即殡仪服务人员与殡仪服务对象面对面地交谈。面谈开始时勿太过僵硬。面对面接待咨询是指殡仪服务对象针对殡仪服务的内容或殡葬用品当面提出有关问题，并由殡仪服务人员当面解答的过程。

殡仪服务人员要做到用语恰当、思维连贯、表达完整、条理清晰，语调要适中，同时通过表情、体态语、说话的方式帮助表达自己的思想。殡仪服务人员在了解客户信息的同时，也在向客户反馈信息，客户也会从殡仪服务人员那里获得想要了解的信息，所以这是一个双向的过程。

了解信息离不开询问和沟通。作为殡仪服务人员，对于逝者姓名、性别、年龄，丧事承办人姓名、联系方式和与逝者的关系等一些基础信息是可以通过询问了解到的。但是，客户也会有一些潜在的信息需要去挖掘，比如客户的消费能力、对丧事承办的需求、此时的心理状态、对丧事办理的期望值等。

作为客户，既然是办理丧事，肯定是要了解治丧流程和服务项目的，比如遗体接运、灵车预订、各项服务收费等，还有一些客户会咨询惠民政策、殡仪法律法规等。

复习思考题

1. 如何对客户进行分类？

2. 如何了解客户信息？

第二节　引导服务

> **学习目标**
> 1. 掌握引导服务原则。
> 2. 熟悉全馆各业务部门主要业务及办事流程。

一、引导服务的特点、原则及分类

引导服务是指殡仪服务人员在业务办理过程中，根据治丧者的需求，为其提供的一对一的全程引导，并使治丧者满意地办理丧事的服务活动。引导服务是殡葬业务发展的必然趋势，随着业务项目的增多，服务程序过于零散，需要殡仪馆有一些服务人员为前来办理丧事的治丧者讲解服务和商品，引导治丧者完成办事流程。

1. 引导服务特点

（1）主动服务　引导陪同治丧者：在业务办理大厅安排引导服务人员，主动、热情地接待，为前来的治丧者介绍办理事项的具体情况，并引导陪同治丧者完成相关事项，使治丧者享受到主动热情的服务。

（2）及时精准　全程高效地传递服务信息：引导服务人员将从治丧者那获得的服务需求及时传递到每个服务部门，搭建家属和服务单位的沟通桥梁，使每一单业务的服务项目都能精准达标，符合治丧者的需求。

（3）一站式服务　引导服务是一站式接洽后由引导员全程负责引导陪同治丧者办理业务，由引导员代理治丧者填写相关信息，陪同办理相关事项。

2. 引导服务原则

引导服务在遵循"客户至上，服务第一"宗旨的基础上，还要依照以下服务原则进行。

（1）有求必应　凡是客户提出的要求，在不违背法律法规的情况下，应尽量满足。客户一般二三十年才办理一次丧事，对殡葬单位服务流程及项目不熟悉，需要了解服务环境和各项服务内容后决定需要哪些服务项目，引导员要搭起这座沟通的桥梁，让客户了解殡仪服务单位、服务项目。不管客户需要了解哪些项目，要到哪里看看，引导员都要耐心引导、有求必应，让他们感到温暖与贴心。

（2）及时办理　以最快的时间完成客户要求的引导项目与服务，如果自己有工作走不开，要及时请领导或同事协助办理，不能对客户不闻不问。下班时，对于没有解决的问题，要在交班记录本上记录清楚，确认客户不会因为自己不在单位受影响。

（3）耐心说服　对于无法满足的服务，比如到整容间或者火化间观看等，要耐心向客户解释原因，说服客户选择能够接受的方式。

（4）接受监督　单位要在服务大厅醒目的位置设置告示牌，写明监督电话，方便客户监督。现在一些殡仪服务单位还会采用二维码和微信公众号供客户投诉或反映问题。

3. 引导服务分类

（1）根据服务内容分为全程引导服务和专项引导服务　全程引导服务是指家属进入殡仪馆服务区域后，引导员向家属介绍服务项目，陪同家属完成遗体入库、入冷藏或冷冻棺、预订礼厅、告别会时间、告别会所需的相关服务项目及所需用品，完成前期的准备工作，并在告别当天引导治丧者确认遗体装殓、礼厅布置服务，引导治丧者进行告别仪式、出殡、炉前告别、等待骨灰等一系列告别火化的相关工作，直至治丧者离开殡仪馆。

专项引导服务是指家属进入殡仪馆服务区域后，引导员根据家属的服务需求引领治丧者办理相关手续，完成相关事项的过程。

（2）根据服务需求分为项目介绍和引导陪同　对于有需求的客户，引导员应在引导中根据客户需要介绍服务项目和环境，让客户选择合适的服务项目，是常见的引导服务，主要是因为客户不熟悉殡仪馆的环境。此外，客户对守灵服务、礼厅告别等需要实地考察的，都需要引导员当面介绍。引导陪同是在客户选择好服务项目后，在项目实施时陪同客户。对于有特殊需求的客户，引导员应引导陪同治丧者，并为其提供相应的服务，可以缓解治丧者的压力。

从人文关怀角度看，引导陪同服务从治丧者的角度出发，根据治丧者的需求，逐步引领、陪同家属共同完成相关事项，一方面为服务单位传达家属的需求，另一方面引领治丧者跟踪服务完成的情况，更是连通治丧者和服务单位的桥梁，可以更好地优化服务环境，强化服务意识，树立良好的服务形象。

二、对引导服务人员的要求及其职责

1. 对引导服务人员的要求

（1）礼貌地介绍自己　引导服务人员在初次接触殡仪服务对象时，首先要礼貌地介绍自己。双方见面后，引导服务人员要主动上前礼貌、亲切地问候殡仪服务对象，说："我是殡仪馆××部门的××号殡仪引导服务人员，现在由我来为您进行引导服务，请您跟我来。"不论在什么场合，自我介绍都应该做到举止庄重、大方。介绍自己时，可将右手放在自己的左胸上，不要慌张，不要用手指自己，表情应坦然、亲切，眼睛看着对方，不能随随便便，更不能表现出一副满不在乎的样子。

（2）学会称呼对方　引导服务人员在初次接触殡仪服务对象时，在提供引导服务的过程中，要在处处体现尊敬治丧者方面下功夫，这样才能拉近治丧者和引导服务人员的距离。首次见面的称呼就比较重要，与其他服务不同，殡仪服务有很多忌语，忌语是不敬重人的表现。尤其是对于殡仪服务对象的称呼更要注意，不能当面称其为"丧家""治丧者"。称呼殡仪服务对象时应注意：一是要合乎常规、礼节；二是要照顾被称呼者的个人习惯；三是要入乡随俗。称呼一定要有诚意，体现出对对方的敬重，并显得自然和有亲和力。

（3）掌握专业知识　熟悉殡仪服务业务流程及基础知识；了解主要殡葬产品的特点和使用性能；熟悉各项服务的收费标准和殡葬产品的销售价格；了解当地的丧葬习俗；熟悉告别及火化服务与流程；熟练应用业务管理系统；通过殡仪服务人员岗位培训，并具备相应岗位的职业资格；有一定的观察能力、沟通能力和应变能力；具有爱岗、敬业的精神。

（4）礼貌询问和回答问题　引导服务人员在进行引导服务的过程中，接待殡仪服务对象要热心，服务要细心，解答问题要有耐心，接受意见要虚心；要合理使用符合岗位的文明、礼貌用语；个人仪表、仪态端庄、得体；引导服务人员在引导殡仪服务对象前，要问清殡仪服务要求再进行引导和陪同。

（5）关注治丧者的身心健康，合理安排陪同和休息时间　在整个陪同过程中，要密切注意治丧者的身体状况，关注治丧者的适应能力，对于身心不适的治丧者，要及时安排其休息或就医。对于年老体弱或身体状况不佳者，要及时安排其休息。在追悼仪式开始前，对于排队等候的治丧者，引导服务人员除了跟随主要家属办理相关事宜，对于其他前来治丧的亲朋好友，也应该合理、有序地引领其到指定的休息室休息，需要提前检查休息室饮水机的饮用水是否充足，沙发、茶几是否干净，通风照明设配是否正常，空调是否可以运行。安排好相关家属后，再进一步引领办理事务的家属前去办理相关事宜。

2. 引导服务人员的职责

（1）了解殡仪服务对象的需求　引导服务人员在首次接触治丧者时，需要了解其具体需求，包括直接需求和间接需求、一般需求和特殊需求，并根据服务对象的需求做出合理的安排。

进行接待的时候，要认真询问殡仪服务对象逝者的姓名、年龄、遗体接运的时间与地点，接收资料后，应认真核查，并且把所属的服务单据抽出，落实殡仪服务对象对于治丧的需求，举行告别仪式。如果不举行告别仪式进行简单送别；如果举行告别仪式，需要结合实际情况预约日期，并且做好通告板登记与业务单据录入。

我国有在逝者死亡三天、五天或七天后这样的单数日子办理遗体告别、火化等事宜的习俗，所以引导服务人员这些天不一定都上班，这些需求要有文字记录在案，并在交接班时及时提醒下一班的人注意，对于有特殊需求的，更要及时交接好、记录好。

（2）主动介绍并解答相关问题　介绍本单位的殡仪服务项目和所售殡葬产品的使用性能，并解答相关问题。落实好火化炉、火化时间，详细介绍普通火化炉与捡灰火化炉的区别，并且结合当天的火化量，合理地为殡仪服务对象安排好时间。

根据火化时间确定告别时间、告别厅，一般火化前半小时到一小时举行告别仪式；告别前半小时必须化好妆，如果参加人员较多，要提前一小时化好妆。大的礼厅要提前一天布置好，并由治丧者检查，有问题及时更正；对于小的告别厅，可以在活动前半小时检查。

引导服务人员要按照殡仪服务对象的具体要求，结合单位告别厅、火化机等硬件及软件设施，对所提供的相关服务进行详细的介绍，例如：

清洗是局部清洗还是全身清洗，需不需要按摩；遗体化妆是简易化妆还是高级化妆，粉彩化妆还是油彩化妆；穿传统寿衣还是日常衣物。

在告别当天所使用的棺木，是选用中式棺木还是西式棺木。结合殡仪服务对象的需求，为其介绍适合的棺木。对于需要进礼堂举行告别仪式的，需要向殡仪服务对象介绍礼堂的布局，布置告别厅、鲜花伴灵、鲜花花圈等，同时在治丧的过程中要询问其有无其他服务需求。

按照殡仪服务对象的需求决定骨灰去向，并且选择骨灰盒，在其指定规格后，结合单位寄存部门的实际尺寸为其选购。需要当天取走的，应当记录好选定的器皿、等级等相关信息，在标签上填好相关信息后贴在殡仪服务对象选购的器皿上。

（3）介绍服务项目及收费标准　向殡仪服务对象介绍本单位各业务部门的具体服务内容和各项收费标准。每个环节都有相关工作流程与操作细则，要结合需求实际情况在公示板与业务单上进行详细的收费标准和价格标示，引导服务人员在给殡仪服务对象进行介绍时，应当为殡仪服务对象解析收费标准。

（4）引导开展具体的治丧活动　按照殡仪服务对象的需求，合理安排举行告别仪式与不举行告别仪式的治丧安排。

需要举行告别仪式的，需要提前统筹好相关的工作，并且落实到位，每一个环节都必须提前落实到位、精细到点。对于有特殊要求的治丧项目，必须在接收到需求信息后及时汇报相关领导与部门，以结合实际情况开展治丧活动。在时间的安排上，要引导殡仪服务对象在指定的时间办理相关事宜，如告别前的费用结算、结算后的单据保存、所需要的单据如何使用，同时要认真告诉殡仪服务对象在何时使用哪种单据、票据办理相关的业务与项目。

介绍相关部门的工作内容及服务项目，引导部门的作用在于提供殡仪引导，全程有专业的引导服务人员带领治丧者办理当天的所有事项；挽联书写部门的作用在于提前写好治丧者提供的花圈赠送人员名单，书写完毕后交与礼堂进行安排，预订了鲜花花圈与鲜花伴灵的，由鲜花制作部门进行统一制作，提前预订鲜花，进行合理的搭配与制作，完成后同样交与礼堂进行布置和安排。内勤承办遗体防腐、保存工作，清洗、更衣、化妆等业务也由内勤部门进行操作。

（5）指导如实地填写各种表格　不同业务有不同的业务表格，相关办理和委托事项都在主业务单据上，必须严格交代治丧者填写好相关的信息，指导治丧者认真、如实地填写各种业务表格，有利于后续事务办理，如联系人、联系电话、联系地址、主要负责人的身份证号码、户口本、身份证复印件、存档资料等。

（6）复核有关殡仪服务业务单据，核实收费标准　殡仪服务对象所订的相关业务，需要引导服务人员提前核实，如交接的棺木出库、鲜花制订单据、伴灵制订单据、花圈制订单据；相关的丧葬用品单据，例如更换的寿衣出库单据、承装骨灰的器皿出库单据。对于各项项目的有效单据，需要引导服务人员认真复核，提前核对并且交与相关部门进行安排，价格明细需要计算到位，多次复查，然后统一填写到总服务单上或者输入电脑进行归档登记，以便于治丧者进行费用结算。

（7）检查殡仪服务对象所订的各项服务项目是否落实到位　总体分为四大环节，需要引导服务人员合理落实。

① 告别仪式的场所是否全部安排妥当，礼堂录用的名字是否正确，花圈名单是否正确，指定的鲜花类作品及项目是否符合要求，是否根据礼堂实际情况安放妥当；对于衣物、棺木，配合内勤部门确认后，再进行使用；化妆要求是否交代清楚，需要交与的相关照片和悼词是否到位。

② 火化车间的火化炉是否就绪，殡仪服务对象指定的火化炉是否安排妥当，入炉时间是否确定，如果时间无偏差，需要引领家属前往指定的位置进行最后的告别，并且做好场面的控制与安排，带领家属做好治丧。

③ 骨灰承装器皿是否到位，对于家属在本单位购买的器皿，需要引导服务人员提前与仓管部门进行出仓确认，并且落实是否已送至火化部门进行登记与确认。如果是治丧者自行购买的，需要提前接收，做好相关标记与登记，指引家属将其送往火化车间指定的位置进行暂放，等待承装骨灰。遗体火化后，对于需要寄存的骨灰，应当交代治丧者需要使用的票据和相关单据，跟随骨灰护送人员将其送往骨灰存放点，并办理寄存手续。

④ 检查悼念厅、告别室的布置情况等。认真核实相关信息，查看礼堂录入的名字是否

正确，相片是否妥当，引领治丧者确认花圈名单是否正确，如果名字或者字有错误，应当及时联系相关人员前往花圈书写部门进行更改；检查鲜花类的项目是否与治丧者选定的一致，颜色与款式是否一致，结合礼堂实际情况安放是否正确；落实好悼词的选用，如果治丧者自备悼词，应该及时交与礼堂的司仪处进行核对与确认。在仪式开始前，要再三检查整个环节是否妥当，确认无误后，引领治丧者前往休息区带领亲朋好友有序地列队进行告别。

三、全程引导服务流程

全程引导服务一般在接待咨询时需要引导客户选择服务项目，在火化当天需要引导客户完成服务项目。

1. 引导咨询

（1）引导其确定服务项目　引导服务人员向治丧者介绍服务项目，由治丧者选择服务项目和殡葬用品。

（2）陪同治丧者将遗体入库　确定整容服务项目、时间及人员。

（3）引导其查看并预订礼厅　预订礼厅、确定告别会时间及告别会所需的相关服务项目及所需用品，完成告别前期的准备工作。

（4）其他项目引导　如果治丧者有其他需要，应随时引导。

2. 火化当天引导

（1）引导告别　引导服务人员引导治丧者确认遗体装殓服务、礼厅布置服务，引导治丧者进行告别仪式、出殡等。

（2）引导火化并取骨灰　火化需要一定的时间，如果治丧者需要当天等待火化完毕后领取骨灰，要引导治丧者休息。

（3）送治丧者离馆　全程引导，直至治丧者离开殡仪馆。

复习思考题

1. 简述引导服务要求。
2. 简述全程引导流程。

实训三　接待、引导服务训练

实训目标

1. 熟悉接待、引导技巧。
2. 掌握接待、引导全流程服务技能。

一、准备工作

以 2～3 人一组，相互交叉扮演客户和服务人员。注意以下几方面的礼仪和准备工作。

（1）穿工作服、戴工牌。

(2) 检查、准备工作用品。
(3) 整理工作台，准备接待引导。
(4) 准备茶水及茶具等。
(5) 准备单位服务卡、服务导图、殡仪服务单、服务流程单等。
(6) 雨伞、水、急救药等物品。

二、接待、引导

按以下内容进行训练，注意练习动作和对话。要求动作规范，语言简洁、明了。

服务员：我是××，请问有什么能为您服务的？

客户：我是来咨询的。

服务员：请您节哀！请您到接待室咨询，好吧？这边请，您请坐。

服务员用适当的手势引导客户。以规范的动作倒水、递水。请客户安全入座，如有2名客户，需先后引导入座。

服务员：请喝水。

客户：谢谢。

服务员：请您出示一下死亡证明，好吗？

服务员：麻烦您出示一下您的证件，好吗？

客户：这是死亡证明。

服务员：逝者姓名是×××，死亡时间是×××。

客户：是的。

服务员：您和逝者是什么关系？

客户：母子。

服务员：请您节哀！接下来，由我为您提供全程引导服务，您看可以吗？

客户：好的，谢谢。

两角色训练后，讨论其中的不足，共同改进。

三、送客

按以下内容进行训练，练习以下动作和对话，中间不要间断。

服务员：您先核对一下"殡仪服务单"和缴费，还有没有什么疑问？（双手递上"殡仪服务单"，请客户看。）

客户：没有疑问了。

服务员：您再看看，还有什么需要我们服务的？

客户：今天的事都办完了，谢谢。

服务员：别客气。您再喝点水，要不要休息一会儿？

客户：不休息了。

服务员：好的，那您再看看，单据、物品等都带好了吗？

客户：都带好了。

服务员：这是我们的便民服务卡，有什么事可以随时打电话。

客户：能不能直接找你？

服务员：好的，这是我的名片，有什么事可以随时打电话。

客户：谢谢。那我走了。

服务员：您这边请！请您慢走！

服务员将客户送到门口，以标准站姿站立，注视客户离开。在门口看着客户走出自己的视野后回头做后续工作。

送走客户后，后续工作一般包括但不限于以下内容：一是安排后续工作，对客户提出的需求安排服务人员跟进；二是将客户使用完的水杯、垃圾等收拾干净；三是整理、归档资料；四是将工作物品归位，整理工作台；五是清洁房间卫生，关窗、关灯、锁门。

实训思考

1. 模拟接待、引导准备工作。
2. 练习面对面接待。

PPT课件

第七章 接待洽谈服务

课程思政资源

第一节 洽谈服务项目

学习目标

1. 能熟练介绍殡仪服务项目分类及服务收费。
2. 能够根据客户需求提供相关的服务项目。
3. 能够掌握并运用洽谈技巧。

一、殡仪服务项目分类及服务收费

2012 年，国家发展改革委、民政部发布了《关于进一步加强殡葬服务收费管理有关问题的指导意见》，提出进一步明确殡葬服务收费有关政策，强化对殡葬服务收费行为的监管，逐步建立起覆盖城乡居民的多层次殡仪救助保障体系。以下根据指导意见，结合工作实际，对殡仪服务收费管理进行说明，作为对洽谈工作的指导。

1. 对殡仪服务分类进行价格管理

殡仪服务分为基本服务和延伸服务（选择性服务）。

（1）基本服务　基本服务主要包括遗体接运（含抬尸、消毒、存放、火化）、骨灰寄存等服务。各地可根据本地区实际情况，合理确定基本服务范围，切实满足当地群众最基本的需要。

基本服务收费标准，由各地价格主管部门会同有关部门在成本监审或成本调查的基础上，按照非营利原则，根据财政补贴情况从严核定，并适时调整。在保证基本服务规模和质量前提下，殡仪服务单位可根据实际情况，适当开展延伸服务。

（2）延伸服务（选择性服务）　延伸服务是指在基本服务以外供群众选择的特殊服务项目，包括遗体整容、遗体防腐、吊唁设施及设备的租赁等。

延伸服务收费可由各地根据情况依法纳入地方定价目录，实行政府指导价管理，特别指出骨灰盒、寿衣、花圈等殡葬用品价格必须要规范。延伸服务收费实行政府指导价或市场调节价。

2. 对殡仪服务收费管理的要求

（1）完善价格和收费公示体系　各地民政部门要建立殡仪服务价格和收费公示体系，通过广播、电视、报刊、互联网等多种方式，宣传殡仪服务收费政策和救助保障措施，让殡仪单位透明地服务，让消费者明白地消费。殡仪服务单位要在服务场所显著位置公布服务项目、收费标准、文件依据、减免政策、举报电话、服务流程和服务规范等内容，接受社会的监督。各地价格主管部门要畅通"12358"举报电话，受理群众投诉或举报。

(2) 规范收费行为　以"以人为本"为理念，按公平、自愿选择的原则，引导群众理性消费和明白消费，不能捆绑、分拆或强制消费，也不得限制或变相限制治丧者使用自带骨灰盒等文明丧葬用品。在提供骨灰存放格位、殡葬用品时，要注重满足中低收入群众的需要，不得在合同或协议以外收取任何费用。

(3) 严格内部管理　要严格财务管理，健全单独财务核算账目；要加强内部管理，提高员工素质，切实保证所有收费项目的服务内容到位、服务质量优良。

(4) 对于新开展的殡仪服务项目和标准，要按照规定和程序报物价部门或民政部门审批。

(5) 要切实落实对困难群体的优惠政策，确保殡葬事业的公益性和社会效益。

二、殡葬惠民政策

接待客户时，一定要了解当地的殡葬惠民政策，并为符合条件的对象进行介绍。

1. 惠民政策受惠对象

目前，国家对惠民对象并无直接规定，根据各地的惠民政策，受惠类别大致有以下几种。

(1) 惠全民　有"本地"户口的全体市民都享受惠民政策。如北京市，根据 2010 年北京市民政局《关于全面推进殡葬惠民便民举措的通知》，在全市全面推进"零百千万"工程和推出"96156 首都殡葬公益服务热线"等举措。"零百千万"工程，即实行零消费骨灰撒海、百元骨灰盒、千元殡仪服务和万元骨灰安置。凡具有该市户籍且未享受该市丧葬补助费待遇的居民，均享受丧葬补贴，补贴标准为 5000 元。

(2) "本地"火葬区居民和"本地"大学生及居住满一年的外来人员　如成都和杭州。根据 2010 年《杭州市区殡葬基本服务项目免费办法》，在杭州市区死亡并在杭州殡仪馆、萧山殡仪馆以及余杭第一、第二殡仪馆办理火化事宜的下列人员，免除殡葬基本服务项目费用：具有杭州市区户籍的城乡居民（含非农和农业户口）；在杭大中专院校全日制非杭州市区户籍的学生，驻杭部队现役军人；与在杭企业签订劳动合同并按规定缴纳养老保险金 1 年以上、在杭州市区居住的外来务工人员。

杭州市还规定了对重点救助对象的特殊免费项目。重点救助对象包括：一是杭州市区持有效期内的《杭州市困难家庭救助证》《杭州市萧山区最低生活保障救助证》《杭州市余杭区城镇低保家庭救助证》《杭州市余杭区农村低保家庭救助证》（简称《救助证》）的城乡低保、困难家庭和特困户家庭成员及持有效期内的《杭州市残疾人基本生活保障证》《萧山区残疾人基本生活保障证》《杭州市余杭区残疾人基本生活保障证》（简称《残保证》）的残疾人；二是杭州市区烈士遗属、因公牺牲军人遗属和享受定期抚恤金的病故军人遗属，残疾军人、伤残人民警察、伤残国家机关工作人员、伤残民兵民工，享受定期生活补助金的红军失散人员、复员军人、带病回乡退伍军人、参战参试军队退役人员，市级以上劳动模范等人员。对于以上两类人员，在免除殡葬基本服务项目费用的基础上，再免除小告别礼厅的使用费，并赠送骨灰盒 1 只（300 元以内）。

(3) "本地"火葬区部分特殊人群　多数地区惠民政策仅有部分特殊群体才能享受，都采取这种先保障特殊困难群体的基本殡仪服务需求，逐步扩展到其他人群的殡仪救助制度，如 2019 年上海市民政局、上海市财政局关于贯彻落实民政部《关于全面推行惠民殡葬政策的指导意见》的通知规定，享受基本殡仪服务补贴的补贴对象是：具有本市户籍的国家和本市确定的重点优抚对象、城乡低保对象、特困供养人员、享受民政定期定量救济人员、享受因病支出型贫困生活救助人员、未享受社保丧葬费补贴人员及其家庭成员（具有本市户籍）在本市实行遗体火化，可申请基本殡葬服务补贴。

2019 年，广州市民政局、广州市财政局发布的《广州市困难群众殡葬基本服务费用减免办法》第四条所称困难群众是指具有广州市户籍并持有相关证明材料的下列居民：特困人员供养对象、最低生活保障对象、低收入困难家庭成员、享受抚恤补助的优抚对象、计划生育特别扶助对象、生前生活特别困难的其他人员。

2. 减免或补贴项目

（1）基本服务项目　一般补贴都会有基本服务项目：遗体接运（限市区范围内使用普通接尸车辆接运遗体）、遗体消毒、遗体存放（冷藏 3 天）、遗体火化（普通平板炉）、骨灰寄存（1~3 年），通常这些项目的费用约在 1000 元以内。对使用高档车辆接尸和捡灰炉火化的，只减免普通车辆接尸费和普通火化费标准的费用，超出部分由客户支付。

（2）生态葬　多数地区惠民政策中都对生态葬的费用减免，还有的地方有补贴。生态葬一般指骨灰散撒、骨灰海葬、树葬、鲜花葬、草坪葬等不占或少占土地的安葬方式。北京惠民政策安葬项目对具有北京市户籍的亡故居民骨灰撒海免费，每份骨灰可以免费随行 6 名以下家属；在城市公益性公墓进行立体（壁）葬。

2017 年，成都市规定，对于成都市户籍逝者骨灰实施塔葬、壁葬、花葬、树葬、草坪葬、一穴安放 3 个人及以上骨灰、不保留骨灰等节地生态葬的，一次性奖补 1000 元。

（3）其他服务项目　一些地区还对一些家属选择较多的丧事活动常见服务项目的费用进行减免。2018 年，青岛市免除居民遗体接运费，车辆、遗体消毒费，馆内遗体搬运费，3 天内遗体普通冷藏费，环保型火化炉遗体火化费，入殓的普通纸棺费等六项基本服务项目费用，费用免除不折现、不折抵。南京市免除费用的项目比较多，如遗体接运、抬遗体、三天普通冷藏、司仪主持、普通化妆、指定告别厅租用、遗体火化、200 元骨灰盒、骨灰袋等。从 2015 年开始，南京市 14 家经营性公墓选择不留灰、不立碑的"两不留"生态葬的逝者，一次性给予每户 1000 元奖励，客户通过南京殡仪馆开通的 24 小时服务热线 96444 可以直接享受服务。

3. 办理流程

（1）申请　一般由治丧者提交申请材料申请。

如果火葬区所有群众都减免，申请人一般只要提交按 2010 年《殡葬服务单位业务档案管理办法》第五条要求提交的资料，遗体火化过程中形成的下列文件材料应当归档。

① 死亡证明原件或者复印件。

② 火化证明存根。

③ 丧事承办人签名的遗体火化处理表、骨灰领取证明。

④ 丧事承办人的有效身份证件复印件。

⑤ 其他应当归档的材料。

对于仅对部分火葬区特殊群体减免的，需要提交"申请表""贫困证明"，或者当地规定的其他文件。市困难群众殡葬基本服务费用减免审核表见表 7-1，困难群众经济困难证明见

图 7-1。

表 7-1　广州市困难群众殡葬基本服务费用减免审核表

遗体存放单位：　　　　　　　　　　　　　　　　　　　　　　　　　　　　编号：

基本情况	逝者情况	姓名		性别		年龄		民族		身份证号码	
		死亡时间		户籍地	___省___市___			住址			
		死亡证明	1.□《死亡医学证明书》　2.非正常死亡的，须出具：□《遗体处理通知》								
		减免对象	□农村"五保"对象　□城乡低保对象　□享受抚恤补助的优抚对象　□城镇"三无"对象 □低收入困难家庭人员　□计划生育特别扶助对象　□生前生活特别困难的其他人员								
		冷藏防腐延期情况	□刑事案件　□交通事故　□医疗纠纷　□无人认领								
	家属或委办人情况	姓名		性别		年龄		身份证号码			
		与死者关系		户籍地	___省___市___			住址与电话			
		本人承诺，所提供的情况及各项资料属实。如有虚假，愿承担法律责任。 丧事承办人签名：　　　　　　　　　　　　　申请日期：　　年　　月　　日									
审核意见	（盖章）　　　　　　　　　　　　　年　　月　　日 经办人：　　　　　　电话：					复核意见	（盖章）　　　　　　　　　　　年　　月　　日 经办人：　　　　　　电话：				
备注	1.选项打✓　2.有关证件证明附后										

说明：本表分三联填写。第一联由审核单位留存，第二联由殡仪服务单位留存，第三联由结算部门留存，需冷藏防腐延期的还需提供相关证明材料。

经济困难证明

　　兹我居（村）委会（户籍、非户籍）居民姓名_____，死于_____年____月____日，性别___，年龄___岁，身份证号为_____，户籍地址_____。家庭经济困难，现申请困难群众殡葬基本服务费用减免，请予以办理。

　　特此证明。

申报人姓名：_____
身份证号码：□□□□□□□□□□□□□□□□□□
联系方式：_____　申报人与死者关系：_____
申报人承诺以上情况属实，申报人签名：_____

出证人签名：

出证单位盖章：
年　　月　　日

图 7-1　经济困难证明

（2）审核　殡葬单位审核，给出意见。同意减免的，签署同意意见；不同意减免的，签署不同意意见，并说明理由，连同申请材料退回丧事承办人。

（3）减免或补贴　对于符合条件的，一般直接减免或补贴相关费用。

（4）复议　对审核结果有异议的，丧事承办人可向上级主管部门申请复议。

(5) 其他规定 各地根据自己的情况，对殡葬惠民政策还有其他规定，比如资金来源、奖励措施、监督机制等，一般在民政局网站政策法规栏目可以查询当地的殡葬惠民政策。

三、介绍服务项目

在介绍服务项目时，殡仪服务人员应本着以人为本的理念，先聆听客户的需求。客户的需求是多方面的、不确定的，这时殡仪服务人员应增强主动沟通意识，了解、明确客户的实际需求和潜在需求，根据需求进行项目介绍。殡仪服务人员以满足客户需求为主旨，以客户满意为目的。殡仪馆殡仪服务项目委托单见表7-2。

表7-2 殡仪馆殡仪服务项目委托单

逝者姓名		性别		终年		户籍地	
住址						联系人	
遗体接运地址						电话	
服务项目	单位	价格		服务项目		单位	价格
灵车接运	具/次			出售鲜花		特大/个	
红旗车接运	具/次					大花篮/个	
花车接运	具/次	面议				小花篮/个	
遗体冷藏	具/天					大花圈/个	
针剂式防腐	具					小花圈/个	
沐浴	具/次			火化棺		普通型	
更衣	具/次					富贵棺	
剃须修面	具/次					龙凤棺	
特殊遗体整容	具/次	面议				普2型	
遗体消毒	具/次					大众型	
洁具袋	个			火化炉		捡灰炉/具	
租用小厅	具/天					平板炉/具	
租用中厅	具/天			骨灰寄存		高档间/年	
租用大厅	具/天					中档间/年	
出售花圈	12圈/个					普通间/年	
	15圈/个			寄存证费		个	
	工艺花圈						
殡仪主持	单殓/次						
	会场/次						
其他特需服务							
备注							
费用合计				家属签字		日期	年 月 日

××殡仪馆

二〇 年 月 日

四、解答客户的问题

殡仪服务人员在向客户介绍流程或与客户洽谈服务内容时,针对服务项目、内容或丧葬用品等提出的问题,需要殡仪服务人员综合运用殡仪知识进行解答,殡仪服务人员需要具备一定的分析和解决问题的能力。解答时,注意既要亲切礼貌,又要坚持原则,让客户了解殡仪相关的政策法规,在政策允许的前提下,尽量满足客户办理丧事的需求,为客户提供合理化建议。

(1) 必须用专用殡仪车辆接运吗?
(2) 必须用殡仪馆骨灰盒吗?
(3) 传染病遗体会不会传染啊?可以不举行告别仪式吗?传染病遗体能化妆吗?
(4) 在殡仪馆内能放鞭炮吗?能烧纸钱吗?
(5) 遗体异地接运都有什么规定?
(6) 骨灰寄存格位应如何选择?能放几年?如何收费?
(7) 保存遗体采用什么方法好?
(8) 悼念告别厅如何收费?
(9) 遗体的接运如何收费?
(10) 遗体整容、整形如何收费?
(11) 遗体防腐、冷藏如何收费?
(12) 遗体火化有哪几种炉型?如何收费?
(13) 治丧者可以自己亲自捡取骨灰吗?
(14) 价格能不能优惠?有哪些优惠措施?
(15) 骨灰盒都有什么材质的?80岁的老人适用哪款?
(16) 安葬骨灰的方式有哪些?

以上问题属于殡仪服务方面的问题,回答这类问题时,首先需要殡仪服务人员足够了解服务流程与殡仪服务项目以及相关的一些丧葬习俗,在解答时殡仪服务人员要有足够的耐心,讲解时通过和客户沟通探寻客户的实际需求与潜在需求,并给予有针对性和专业化的建议,协助客户完成服务的选择。需注意的是能够当场解答或解决的问题,应当场解答并记录,对于一时难以解答的问题,要及时向上一级领导进行汇报,并及时反馈给客户。

五、如何应对洽谈中的冲突

服务洽谈时,由于双方意见不同,可能会发生冲突。要应对洽谈中的冲突,殡仪服务人员要先检查自己的服务,疏导客户不满情绪,积极化解矛盾,取得客户理解;经常换位思考,要站在客户的角度思考问题,做到学会观察、倾听,掌握一些必要的沟通技巧,让客户感觉到自己的真诚,只有真诚对待客户,客户才能真诚对待自己。

1. 站在客户的立场换位思考

换位思考,即站在客户的立场上思考,这是解决洽谈冲突最重要的技巧之一,站在客户的思维角度,"以客户为中心""想客户之所想、急客户之所急",让客户能感到诚意,沟通起来就相对容易。

2. 多调查、多讨论,忌专横武断

在处理洽谈冲突时,多询问,多倾听,认真倾听客户的建议,要与客户讨论彼此的见解和看法,了解客户的想法、意图,相互阐述理由;理性、专业地分析问题,提出合理化建议,让客户觉得处理方案是互相讨论得出的结论,要让客户有参与感,对双方都公平,这样的解决方案更容易被客户接受。

3. 遵循客观标准,寻求平衡点

如果大家无法达成一致意见,要按照一般洽谈中遵循的客观标准,如市场价值、科学计算、行业标准、成本、有效性、对等原则、相互原则等,寻求双方能够化解冲突的一个标准、平衡点,使双方最终达成一致意见,在寻求这一平衡点时要注意可实行性。

复习思考题

1. 叙述主要殡仪服务项目及收费。
2. 叙述基本殡仪服务项目及收费依据。
3. 叙述特需殡仪服务项目及收费依据。

第二节 用品介绍

学习目标

1. 能准确辨别消费对象,明确消费对象的购买心理。
2. 能针对消费对象的特点为其介绍所需要的商品。
3. 掌握殡葬用品的用途以及导购技巧。

殡葬用品即殡仪服务用品,指提供给殡仪服务对象、满足其殡葬需求的有形物品。在开展殡仪服务活动的全过程中,都要使用不同的殡葬用品。殡葬用品的种类可以按照功能、用途和消费档次进行划分。

一、消费对象辨别及分析

1. 客户辨别

殡仪服务对象是指前来购买殡葬用品或殡仪服务的对象,包括组织和个人。

一是有购买需要,这类客户目标明确,目光有停顿、有焦点;找到合适商品,会向着目标走过去;不会盲目张望;正视或主动向销售人员提出购买某一类商品的要求。

二是有购买目标但不明确,这类客户进店后脚步缓慢,眼光不停地环视四周,走近商品后也不提出购买要求,会较多关注商品的种类多样性和价格。

2. 客户特点分析

(1)年龄、性别特点分析

女性客户：追求时尚、美感，多注重外观，容易受外界和情绪影响，购买常伴有冲动性，相对爱挑剔，十分细致。

男性客户：购买目的明确，不会花大量时间购物，购买前会先制订计划，购买时果断迅速，自尊心强，爱面子，注重品质。

青年客户：追求时尚、美感和新颖，突出个性，追求符合个性的商品，思维敏捷，反应迅速，科学消费。

中年客户：较为理性，稳定性强，不易冲动，量入为出，精打细算，对事物有较为成熟的看法，会遵从上次购买的想法，重视质量。

老年客户：对新事物持怀疑态度，购买心理稳定，购买动作缓慢，求实用，希望得到尊重，对服务人员的态度敏感。

（2）殡葬心理特点分析

① 求实心理。以使用价值为主，讲究实用、实惠，追求质量，不太在意样式。

② 求美心理。以外观为主，多为妇女，注重外在，质量其次。

③ 求新心理。新颖、有特色，创新，体现个性，体现尊贵和家族荣耀。

④ 求廉心理。追求廉价，受家庭条件限制，可以设置惠民专柜商品。

二、殡葬用品的用途

1. 用于保护遗体或骨灰

骨灰盒与棺木等主要殡葬用品都是直接用于遗体或骨灰的安葬，火化棺和遗体包装物等也随遗体化为灰烬。土葬随葬品同遗体一起被埋入地下。

2. 用于殡仪服务对象

祭奠性殡葬用品都是用于满足殡仪服务对象悼念的特殊需要。在科技高度发达的今天，网络祭奠是大势所趋，开展网络祭奠，虚拟殡葬用品也能满足殡仪服务对象悼念亲人的心理需要，有利于构建资源节约型和环境友好型的现代殡仪业。

三、殡葬用品

1. 棺木

棺木一般分为两种，一种用于运尸或土葬，此类棺木一般闭合性较好，多采用高密度的木料或石材制作而成，能有效隔绝遗体与外界的接触，防止遗体腐败、尸水渗漏，可以阻止细菌传播。另一种用于火化，亦称文明棺或纸棺材。

用于火化的棺木一般采用瓦楞纸板、蜂窝纸板或简易木质材料制作，通常先将纸板按一定形状造型，再用黏合剂黏合，价格低廉，生产工艺简单。纸质棺木轻便，也便于焚烧，但存在纸棺灰与骨灰混合不易分离的问题。

2. 火化遗体包装物

遗体包装物主要包括火化遗体卫生袋或保尸袋及其他类别的包装物品。近年来，遗体包装物朝着多功能的方向发展，不仅仅具有包裹遗体的功能，还具有瞻仰、卫生防腐、标记、助燃、环保等功能。

3. 骨灰盒

骨灰盒是用来收殓、存放骨灰的器具。目前，使用的骨灰盒材质众多，主要有木质、玉石质、水晶玻璃材质、陶瓷材质及化学合成品等，也有极少数骨灰盒采用贵金属制作。其工艺以聚酯脱模贴花、纯手工木雕、贝雕、浮雕、阴雕为主。因各地风俗不同，其大小并未完全统一。一般来说，木质骨灰盒为长方体，外部尺寸要求一般为35厘米×22厘米×18厘米。

4. 寿衣类殡葬产品

寿衣是装殓逝者的衣服，品种主要有各种服装、被褥、鞋帽、布单和盖头布等。古代寿衣的面料为棉、毛、丝、麻和皮革等天然纤维，现代又增加了大量的化纤制品。化纤类寿衣在火化时容易产生黑烟，造成空气污染。

目前，寿衣有传统样式与现代样式、中式与西式等不同款式。现代比较西化的家庭会为先人冠上他生前选择或穿过的时装代替寿衣，也有一些地区有自己的特有款式。常用的寿衣及相关用品，一般是成套使用，在使用中应注意款式、数量、色彩、风格的搭配，具体如下。

① 寿衣。寿衣包括衣、裤、裙。衣服有长衫、短袄、马褂、旗袍等，并有内衣、中衣、外衣之分，裤和裙都有长短、中西各类不同款式。传统的寿衣的数量是奇数（南方也有偶数的寿衣）。

② 寿帽，又称寿冠。男性一般使用礼帽、便帽，老年女性特别是南方的常戴绒帽，但中青年女性一般不戴。

③ 寿鞋、寿袜。寿鞋一般是中式布鞋或西式皮鞋，寿袜通常为棉布袜。

④ 寿枕。寿枕分为头枕和脚枕两种。头枕上装饰有云彩或龙凤，脚枕上常装饰有莲花，一般用布、纸做成。

⑤ 寿被。寿被是一种盖在身上的狭长小被。男性一般用龙被，女性用凤被，常以布料、缎料制作。寿被的种类多种多样，因地区、种族、宗教等差异而不同。现在市面上的寿被有龙凤被、大团寿字被、后辈发财被、奠字被、绣花被等。

5. 丧礼常用花材、花圈和花篮

丧礼中一般使用纸和绢制作花圈及花篮。随着广大群众经济水平的提高，鲜花使用也日益普及。用于制作花篮、花圈、布置丧礼现场的鲜花品种非常多，花艺主材包括菊花、百合花、康乃馨、玫瑰、郁金香、洋兰、紫罗兰、天堂鸟、勿忘我等。配草主要包括针葵叶、天门冬、满天星、龟背叶、巴西叶、蜈蚣草、鱼尾叶等。

(1) 常用花花语

① 菊花花语：清净、高洁、我爱你、真情。各种菊花花语如下：红色菊花，我爱；白色菊花，事实；黄色菊花，忽视的爱。

② 玫瑰花语：爱情。红玫瑰，深爱着你；粉色玫瑰，动情在心、爱的宣言；白色玫瑰，天真、纯洁、尊敬。

③ 康乃馨花语：爱、魅力和尊敬之情。浅红色康乃馨，钦佩；深红色康乃馨，深深的

爱和关怀；纯白色康乃馨，纯洁的爱和幸运；花纹康乃馨，拒绝求爱时的道歉；粉红色康乃馨，不朽的母爱。

④ 剑兰花语：怀念之情，也表示爱恋、用心、长寿、康宁、福禄。

⑤ 百合花花语：纯洁。百合花象征着纯洁、贞洁和天真无邪。在中国，百合花是母爱的象征。白色百合花被认为是圣母之花，黄色百合花表示感激和快乐。

⑥ 满天星花语：关心、纯洁、成功、喜悦，是"百搭花"。

⑦ 勿忘我花语：挚爱。代表永恒的友谊，不要忘了我、真挚的爱。

（2）花圈　花圈原来作为礼物，以示尊重和敬礼，后来逐步演变成为去世的亲人和好友敬献，以表示对其的怀念和哀悼。花圈多为采用各种彩色的彩纸和竹子扎制成的大小不一的花环，主要用于祭悼和告别仪式中，仪式结束后，对其进行焚烧，以告慰亡灵。由于此举对纸张浪费严重，焚烧时释放的烟气会造成环境污染，有的城市已开始限制使用。殡仪服务对象可以租用花圈，这样既能体现节俭办理丧事的原则，又可满足需求。

常见的花圈有纸质、绢质、塑料及鲜花植物材质等四种类型。殡葬产品纸质花圈和塑料花圈的价格较为低廉，纸质花圈多数采用各色彩纸制成花色各异的花卉，固定在特殊的支架上，在部分地区，遗体告别仪式后，纸质花圈将被焚烧以告慰亡灵。塑料花圈一般仅供摆放，可重复使用。鲜花植物花圈和绢质花圈的价格则相对昂贵。

复习思考题

1. 请简述如何帮助 23 岁的女儿为其去世的母亲挑选殡葬用品。
2. 请简述如何为小王介绍适合他 56 岁的哥哥的殡葬用品。

第三节　服务合同签订

学习目标

1. 熟悉合同法相关知识。
2. 能签订一般殡仪服务合同。

一、殡仪服务合同

殡仪服务合同是指殡仪服务机构与客户之间签订的对逝者遗体进行处理的服务协议。殡仪服务项目主要包括殡仪接待服务、遗体保存服务、遗体告别服务、遗体火化服务、骨灰安放服务、骨灰撒海服务等。一般来说，殡仪服务合同包括遗体存放合同、守灵服务合同、遗体养护合同、告别仪式承办合同等。鉴于殡仪馆与上述内容有关的行为大多基于与近亲属的合意，故双方之间的关系是合同关系，为陈述方便，本书将规范双方上述关系的文件均称为"合同"，其实，上述文件的名称完全可以不冠以"合同"二字，现实生活中也确实是这样，有的合同可称为"通知单"，有的可称为"承诺书"，有的甚至被称为"某某殡仪馆白事手册"。只要上述文件能够表现双方已就殡仪服务内容、方式、价格达成一致即可。殡仪服务合同属于服务合同的一种，因服务合同纠纷提起的诉讼，由被告住所所在地或者合同履行地的人民法院管辖。

殡仪服务合同的当事人有两方：一方为殡仪服务的提供者，另一方为殡仪服务的接受者。殡仪服务的提供者为殡仪馆一方，而殡仪服务的接受者有如下四类。

（1）近亲属　近亲属根据关系亲疏的不同分为两种顺序：第一顺序为配偶、父母、子女；第二顺序为祖父母、外祖父母、孙子女、外孙子女、同胞兄弟姐妹。

（2）乡、民族乡、镇人民政府或村民委员会　这种情况仅指根据国务院《农村五保供养工作条例》的规定，"五保户"去世后，乡、民族乡、镇人民政府或村民委员会负责"五保户"的丧葬事宜。

（3）遗嘱扶养协议的扶养人或组织　根据《中华人民共和国民法典》的相关规定，自然人可以与继承人以外的组织或者个人签订遗赠扶养协议。按照协议，该组织或者个人承担该自然人生养死葬的义务，享有受遗赠的权利。

（4）公安机关或民政机关　在某些特殊情况下，公安机关可能将涉案遗体委托殡仪馆代为存放，民政机关也可能委托殡仪馆存放、火化无名遗体，暂存骨灰。

二、签订殡仪服务合同需注意的事项

签订殡仪服务合同，与签订其他服务合同并无本质区别，主要内容均为对服务内容、服务期限、服务价格的约定。殡仪服务与其他服务的不同之处：一是遗体变化的不完全可控性；二是遗体变化直接关系到近亲属的情感和情绪，这些均会对殡仪馆一方造成风险。所以，作为殡仪馆一方，应对可能出现的风险进行充分的预见，并与服务的接受方共同做出免除殡仪馆一方非因故意或重大过失出现约定风险的责任。另外，由于殡仪馆使用的多是格式合同条款，故上述免责内容应以特别明显的表达方式，如加黑字体、不同颜色的字体或要求服务的提供者抄录等特殊方式，以引起对方的注意，否则这种免责条款很有可能会被认定无效。

在制订和使用殡仪服务合同时应注意以下几点。

（1）合同条款一定要做到语言准确、逻辑严密，不得产生歧义；合同条款对双方权利、义务的设置一定尽可能合理，合同条款中尽量表现出对对方知情权、选择权和其他主要权利的尊重。

（2）对一些可能被认为限制对方权利、免除己方责任的条款，可采用特殊字体、另加附页的方式提醒对方注意。必要时可采用一些金融机构的成熟的做法，即要求对方抄写这些条款，以此表明格式条款的提供方已经采用最有效的方式提醒对方注意这些条款，对方签订格式条款系在对格式条款内容明了的基础上进行的。

（3）格式条款应尽可能以多项选择的形式表现，以尽可能体现对方的意志，即对方对格式条款并非仅有接受和不接受两种选择，而是有了更多的根据自己的意志选择殡仪服务的权利。

三、签订殡仪服务合同

接待—了解需求—介绍殡仪服务项目—选定殡葬用品—签订服务合同，殡仪服务合同如图 7-2 所示。

合同编号：_____

殡仪服务合同

承办方：（以下称甲方）_____
殡仪服务单位：（以下称乙方）_____

根据《中华人民共和国民法典》《中华人民共和国消费者权益保护法》及相关法律、法规，结合本次殡仪服务的具体情况，甲、乙双方在平等、自愿、公平、诚实信用的基础上，经协商一致，达成如下协议。

第一条　基本信息

姓名		性别		年龄		遗体接运日期	年　月　日
遗体接运地点							
甲方	与逝者关系				身份证号		
住址					联系电话		
乙方		上岗证书编号			工号		

第二条　服务事项

一、乙方为甲方提供殡仪服务内容如下：
_____

二、收费项目和价格如下：
_____

第三条　乙方义务

一、乙方应严格遵照本合同的内容，按照双方约定的程序及要求，安全、有效、及时地完成约定的服务事项。

二、保证商品的质量如实描述。

三、负责服务过程中由于服务、商品问题导致的丧家投诉的处理、损失的赔偿。

第四条　甲方义务

甲方应按时支付各约定事项的价款。

第五条　违约责任

一、乙方未能于约定时间内完成服务工作的，应向甲方支付_____元违约金；甲方擅自解除合同造成乙方损失的，甲方应予以赔偿乙方损失_____元。

二、其他违约
_____

第六条　争议解决方式

因合同发生的争议，由双方当事人协商解决，或向消费者权益保护委员会申请调解，或按下列第____种方式解决。

一、提交仲裁委员会仲裁。

二、依法向人民法院起诉。

第七条　本合同一式两份，甲、乙双方各执一份，双方签字或盖章之日起生效。

承办方（甲方）签名_____　　殡仪服务单位盖章
　　　　　　　　　　　　　　　　　　　　　（乙方业务员）签名_____
日期：　　年　　月　　日　　　　　　　　　日期：　　年　　月　　日

图 7-2　殡仪服务合同

复习思考题

1. 简述服务合同的种类。
2. 简述签订殡仪服务合同需注意的事项。
3. 两人一组,练习签订殡仪服务合同。

PPT课件

第八章 本地遗体接运

课程思政资源

第一节 遗体接运工作与接运车

> **学习目标**
> 1. 熟练掌握遗体接运工具的类型。
> 2. 能够根据客户需求选择合适的接运工具。

遗体接运是现代殡仪服务的重要环节,主要包括遗体查验、入殓、更衣和运送等服务。遗体接运的工作人员是最早直接接触到遗体及家属的人员,其服务会给治丧者留下很深的印象,其工作水平也能反映殡仪服务机构的水平,因此务必重视遗体接运工作。

一、接运中的工具与材料

遗体接运中使用的工具与材料主要有软担架、硬担架、包尸单与绷带、包尸袋、卫生棺、遗体接运床等。

1. 软担架

软担架一般由两根直径 2 厘米、长约 210 厘米的不锈钢管担架杆,以及一块长 190 厘米、宽 80 厘米、厚 0.3 厘米的合成材料(一般是牛津布做的)担架面构成。软担架有很多优点:价格便宜,每个为 50~200 元不等;使用时担架可以折叠,受接运环境的约束相对较小,使用方便灵活;牛津布耐腐蚀、耐冲击,可以更换,节约费用;只需要两个人抬,节约人力成本。现在大多数殡葬单位在接运遗体时都使用可折叠软担架,见图 8-1。

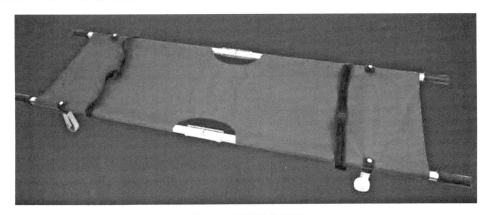

图 8-1 可折叠软担架

软担架也有缺点，如对遗体造成挤压，使体液外渗，污染环境。接运前最好堵塞遗体管道口，防止其外渗，并使用包尸袋。此外，在遗体比较重的时候，两个人可能抬不起，最好使用硬担架。

2. 硬担架

硬担架的规格和软担架大致相同，也有两根不锈钢管担架杆，不同的是担架床面由不锈钢板焊接而成。硬担架缺乏灵活性，使用硬担架接运遗体时，要有较宽敞的接运空间。

3. 包尸单与绷带

包尸单与绷带是一次性防护用品，一般在遗体损坏、接运空间狭窄、接运难度较大、操作过程比较复杂的情况下使用，例如遗体有损伤、表面破损、流血不止或者肢体损坏、分离的，通常要用包尸单与绷带包扎固定，防止遗体进一步损坏，方便搬运。包尸单可用1米宽的床单或一般的布单代替。遗体接运时，在车中常备包尸单与绷带，以备不时之需。

4. 包尸袋

包尸袋是一次性防护用品。遗体携带大量病原微生物，会造成环境污染，特别是直接接触遗体的殡葬职工及逝者亲友。现代传染病较多，用包尸袋包裹遗体，将遗体与外界隔绝，能保障接运人员的安全，送到殡仪馆后在特定区域进行卫生操作，可以防止其污染环境。

包尸袋可用的材料、种类较多，都具有防水、防外渗功能。包尸袋一般长约210厘米，宽约100厘米，最早用塑料、尼龙、布质和纸质等材料，随着科技的发展，材料的质量逐步提高，现在开始用先进的纳米材料。

5. 卫生棺

卫生棺，又称火化棺、瞻仰棺，是装殓遗体兼供遗体告别用的棺。卫生棺是一种新型产品，主要用于火葬区域，一般同遗体一起焚烧，不反复使用。卫生棺一般使用可降解的纸质材料、柔性钢纸板、瓦楞纸板、蜂窝纸板、合成板与竹胶板等易燃材料制成，既文明又环保。卫生棺一次性使用，一般成本较低、重量较轻，移动和抬运方便。

卫生棺由棺床、密封层、装饰层和棺盖组成。其规格不等，常用的规格有以下几种：长×宽×高为183厘米×54厘米×35厘米、195厘米×56厘米×45厘米、200厘米×56厘米×45厘米，售价在200～1200元不等，比较豪华的卫生棺长×宽×高为210厘米×70厘米×65厘米。治丧者可以根据逝者的身高、体重以及个人偏好选择合适的卫生棺。

6. 遗体接运床

遗体接运床是由金属（一般是不锈钢或铝合金）床面和床架焊接而成，床架分可伸缩可折叠和不可伸缩折叠两种。遗体接运床移动时比较省力，需要的操作人员少，在使用时对环境要求很高，需要的空间很大，不能灵活操作，一般外出接运时不使用。对于遗体需要清洗和更衣的，这种床就比较方便，便于打扫和移动，目前在殡仪馆内的遗体接运中使用较多。

二、遗体接运车

随着行业的发展，遗体接运车逐步改进，越来越先进和专业。最初用手推车，20世纪六七十年代用小型货车改装成接运车，80年代中期用天坛车等小型客车，90年代初，采用国产的金杯、依维柯和进口的海狮、考斯特等殡仪车。近年来，随着殡葬事业的发展，出现了各式豪华接运车，如奔驰、凯迪拉克、别克等车型。很多殡仪车都经过了改装，以适应运送遗体的需要，车内安装保存遗体的设备，车外扎上白花、黑纱和黄绸等，以示与普通车的区别。现代还采用鲜花对遗体接运车内外进行装饰，以满足不同人群的需要。

为规范遗体接运工作，国家规定由专用车辆进行遗体接运。一些地方比如北京规定禁止社会车辆接运遗体，建立遗体接运车辆信息公开机制，对于殡仪馆所属的车辆品牌和号牌，向社会进行公示，并进行动态更新，接受社会的监督。北京市民政局同时发布了全市开展遗体接运的殡仪服务机构业务联系电话、殡仪服务机构遗体接运车辆信息，以及殡仪馆遗体接运车辆标识图。北京市殡仪馆遗体接运车辆标识图见图8-2。

右侧车身

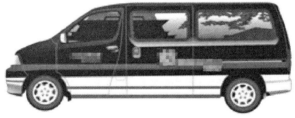

左侧车身

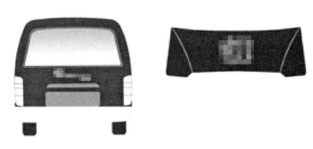

后备厢盖　　　　　　　　前机盖

图8-2　北京市殡仪馆遗体接运车辆标识图

（殡仪车车身标识包含标识图案、殡仪馆名称、服务监督电话；不包含车型和车身颜色）

复习思考题

1. 简述接运工具的种类。
2. 遗体接运车标识包含哪几部分？

第二节　一般遗体接运

> **学习目标**
> 1. 了解一般遗体接运服务要求及流程。
> 2. 能够根据服务流程决定自己的服务行为。
> 3. 按服务流程，熟练进行一般接运服务。

根据民政行业标准 MZ/T 017—2011《殡葬服务术语》，遗体接运工在接运遗体之前，要了解逝者情况，查看遗体现象及状态，确定合适的接运、防腐整容方法等。面对可能患传染病的遗体，应及时做好个人防护。具体流程及操作介绍如下。

一、核对逝者信息

遗体接运工可通过以下方式了解和核对逝者信息。

1. 查看死亡证明

正常死亡的遗体，一般治丧者凭"居民死亡医学证明书"第四联"居民死亡殡葬证"办理业务。"居民死亡殡葬证"式样见表 8-1。

表 8-1　"居民死亡殡葬证"式样

第四联殡仪管理部门保存	居民死亡殡葬证					
	行政区划代码□□□□□□　编号：□□□□□□□□□□□□□□□					
	逝者姓名		性别		民族		国家或地区	
	身份证件类别		证件号码		常住地址	
	出生日期	年　月　日	死亡日期	年　月　日	死亡地点	
	死亡原因		家属姓名		联系电话	
	家属住址或单位		医师签名		民警签名	
	医疗卫生机构盖章　　　　　　年　月　日			派出所意见（盖章）　　　　　年　月　日		
	注：①逝者家属持此证到殡仪馆办理遗体火化手续；②死于救治机构，医师签字及医疗卫生机构盖章有效；死于非救治机构，医师及民警签字、医疗卫生机构及派出所盖章有效。					

2. 询问家属及其他治丧者

直接向办理殡仪服务的逝者家属、亲朋好友或者其他治丧者了解逝者及其病史也是比较好的方法。特别是对于一些病理性死亡的或者遗体现象特殊的，和家属沟通，了解死亡时间、原因以及病史，有利于接运工作，还可以了解其他需求。

3. 查看医疗记录，识别传染病死亡遗体

病理性死亡的可根据医疗机构出具的死亡证明，也可根据逝者生前病史、医疗记录识别遗体。患传染病死亡的，可以根据本区域流行病学资料，根据不同时期传染病预防及流行情况、疫情报告情况，以及居住或是否去过疫区以及与传染病患者有接触史来识别遗体。

4. 通过遗体识别卡识别

随着信息化发展，殡葬单位在接到服务电话后会制作遗体接运单，将逝者、时间以及接运信息输入电脑，作为"接运遗体凭证"，方便遗体接运人员第一时间了解逝者情况，做好个人防护，还可以避免在有纠纷时及时核对信息，避免事故发生。接运工在接运时应核对遗体死亡卡与接运单上的逝者是否一致，如有不一致，应及时询问家属，做好记录。

二、检查遗体和遗物

可以根据遗体变化，查验遗体现象。遗体现象指人死亡后，身体各器官、组织和细胞的生命活动停止，受到各种内外环境因素的影响，发生一系列特殊征象的死后变化，在法医学上称为尸体现象。造成遗体现象的原因主要有遗体自溶、自体消化、遗体腐败以及遗体霉变等。

根据遗体现象出现的先后和特征，遗体现象有肌肉弛缓、尸冷、尸斑、尸僵等。最早的遗体现象大约出现于死亡后半小时以内。

（1）肌肉松弛　是最早出现的现象，一般可持续1～2小时，待尸僵出现后就结束。一些遗体不发生肌肉松弛现象，称尸体痉挛，是一种特殊的尸僵，可以是局部的，也可是全身的。

（2）尸冷　是指遗体温度的下降，与逝者年龄、身体状况等因素有关。一般儿童和老年人的遗体冷却快，青壮年较慢。刚生下来的婴儿，在死后5～10小时，即可降到与周围环境相等的温度。肥胖的遗体比瘦弱的遗体冷却慢。

遗体周围环境的温度越低，尸热发散越快，遗体冷却也就越快。普通成人遗体的温度，在16～18℃环境中，死后10小时内，平均每1小时大约下降1℃，10小时后下降速度减慢。一般面部、耳壳、指（趾）端、鼻尖最先冷却，然后是四肢、躯干，最后是腋窝。

（3）尸斑　是指人死后血液在遗体低下部位下坠，致使皮肤出现紫红色斑块。尸斑一般出现在遗体下部。尸斑的形成和发展分三期：坠积期、扩散期和浸润期。坠积期一般在死后2～4小时开始出现，此时翻动遗体，则原来的尸斑逐渐不明显甚至消失，而在遗体新的低下部位又会重新出现新的尸斑。扩散期指压尸斑变淡但不会消失。浸润期压迫不能使尸斑消退，更不能形成新的尸斑。

（4）尸僵　人死后全身肌肉会很快发生松弛，经过1～2小时后，肌肉逐渐变得强直、坚硬，各关节固定，称为尸僵。

尸僵在死后1～3小时出现，也有在死亡10分钟以后或者晚到7～8小时出现的，但一般不会早于10分钟或晚于7～8小时。尸僵经过24～48小时或者更长时间后开始缓解。尸僵的完全缓解多数情况下都发生在死后3～7天。

（5）尸臭和尸绿　人死后，肠道腐败气体会引起尸臭，常在死亡后的第一天发生。肠道中的腐败气体发生反应，透过皮肤呈现绿色，称为尸绿。尸绿一般在人死后24小时开始出现。

（6）腐败静脉网和"巨人观"　人死后2～4天，皮肤静脉充满腐败血液而扩张暴露，呈乌绿色树枝状，称为腐败静脉网。腐败气体和液体蓄积在皮肤表皮与真皮间，形成大小不等的腐败水泡。"巨人观"的遗体是高度腐败的，全身组织充满腐败气味，尸体颜面肿大、眼球突出、嘴唇变大且外翻、舌尖伸出、胸腹隆起、腹壁紧胀、四肢变粗、阴囊膨大呈球形、皮肤呈污绿色。整个尸体肿胀膨大成"巨人",难以辨认其生前容貌。

常见的遗体死后经过时间及遗体变化见表8-2。

表8-2 常见的遗体死后经过时间及遗体变化

序号	死后经过的时间	遗体变化	特殊现象
1	1小时以内	新鲜尸体、肌肉松弛、尸冷(尸热)、尸斑出现最早时间	尸体痉挛
2	1~2小时	尸斑出现一般时间、面部及肢端发青、瞳孔收缩	
3	2~4小时	尸僵出现、颈部不易扭动、瞳孔散大	
4	4~5小时	衣着部位皮肤发凉	新生儿死后5~10小时全身变冷
5	6~7小时	全身尸僵,尸臭	
6	7~8小时	人为克服尸僵后可再形成尸僵	
7	10小时左右	指压尸斑消失	
8	12小时左右	高度尸僵、角膜轻度混浊、出现蛆虫	
9	14~15小时	尸斑高度发展,指压尸斑消失	
10	24~30小时	尸体完全冷却,出现尸臭	
11	48小时左右	尸僵缓解,尸体变软	
12	1~2天	右腹部开始变绿,尸绿	
13	3天以上	腐败水泡,尸体膨胀为"巨人观",尸僵完全缓解	
14	2周左右	部分表真皮剥离,露出真皮	
15	2~3个月	开始干化	
16	6~12个月	完全干化	

三、确认遗体遗物,填写遗体遗物交接单

接运工在医院、家中或其他地方接运遗体后,一般要查验遗体或和治丧者进行交接,也有部分治丧者随接运车到殡仪馆进行交接。接运工和治丧者交接事项如下。

(1)治丧者配合接运人员核对逝者和遗体信息,如姓名、性别、年龄、死亡时间、逝者联系人姓名、与其关系等。

(2)检查确认遗体完整性、有无损坏、有无特殊气味、有无特殊遗体现象以及遗体腐败情况。

(3)确认逝者所穿衣物以及佩戴物品的种类和数量,如眼镜、手表、手帕、假牙、手机、金银饰品或其他饰品等。

(4)确认完毕后,配合接运人员办理相关手续,签订"遗体、遗物交接确认单",领取服务单。

接运遗体时要检查遗物及随葬品,并经家属核对后签字,对于无家属或突发事故的,遗物要在陪同人员在场时清点,遗物需要保存的,请陪同人员核对签字后交存。

贵重物品一般建议家属或陪同人员带走,以免丢失或损坏。家属坚持要求贵重物品随遗体携带时,必须做好登记签收工作。寄存时准确填写保管单。保管单要详细填写年龄、性别、职业、住址以及家属联系方式等。寄存者凭保管单领取物品。

可将"遗体、遗物交接确认单"附在接运单反面,对有特殊情况和家属有特殊要求的,要注明。"遗体、遗物交接确认单"式样见表 8-3。

表 8-3 "遗体、遗物交接确认单"式样

遗体、遗物交接确认单						
遗体与接运人员姓名	对	错	脚枕	有	无	院方和家属签名
遗体质量情况	好	变	盖被	有	无	
帽子	有	无	垫被	有	无	化妆整容工作人员签名
鞋子	有	无	现金及遗物	有	无	
头枕	有	无	备注			接运服务人员签名

四、遗体消毒清洗

1. 遗体消毒清洗设施设备

消毒清洗应在专用的消毒清洗室中进行。一般在防腐整容室,便于遗体集中综合安置以及遗体交接。消毒清洗室内应配备固定的遗体清洗台,台面最好使用便于清洗的材料,如瓷砖、水磨石、不锈钢等。清洗台放遗体头部的位置稍高、脚部稍低,便于污水下排。安装水管时,注意将上水管装在清洗台头部,有条件的地方可采用感应出水,避免手接触遗体后关水时感染;下水管的水不能直接排入下水管道,清洗污水要排入专用的下水道,用污水处理设施处理完毕后再排入下水道。

现在有成套的遗体清洗车出售,台面可以升降倾斜,模仿多功能法医不锈钢解剖台,有条件的单位可以购买。

2. 遗体消毒清洗前处理

(1) 个人卫生防护 处理遗体前,工作人员应穿戴好防护衣、帽、口罩、橡皮手套和长筒套鞋,并扎紧袖口和裤腿口,以避免被传染病感染。

(2) 堵塞管道口 用3‰的双氧水对管道口进行消毒,并用消毒棉球将遗体的眼、口、鼻子、耳朵、肛门以及阴道口堵塞。

(3) 准备物品 准备好消毒剂、清洁剂、祛污剂、洗面奶、洗发水等物品。消毒剂一般使用70%~75%的酒精、3%~5%的来苏水、0.1%~0.2%的新洁尔灭。

3. 遗体消毒

遗体消毒是指采用物理和化学方法清除或杀灭遗体上携带的病原微生物,达到无害化处理的卫生预防处理方法。

(1) 物理消毒法 包括热力、光照、辐射、微波、机械等方法。热力方法包括干热法(燃烧以及干烤法)和湿热法(巴氏消毒法、煮沸消毒法、压力蒸汽消毒法等)。光照包括日光暴晒、紫外线以及臭氧照射。常用的遗体物理消毒法是紫外线消毒法。常用紫外线灯管有15瓦、20瓦、30瓦、40瓦四种,消毒时间为25~30分钟,可采用悬吊式、移动式灯架照射,或将遗体放入紫外线消毒箱内照射。紫外线会伤害人体,照射时应关闭门窗,人员停止走动。

（2）化学消毒法　是利用消毒液对遗体及物品进行消毒的方法，包括浸泡法、擦拭法、喷雾法和熏蒸法。遗体消毒主要采用擦拭法、喷雾法。对于残肢及离体肢体、破损肢体，采用浸泡法。遗体表面皮肤可用化学消毒溶液浸泡的棉球、纱布块擦拭或喷洒。

常用的遗体化学消毒溶液包括70%～75%乙醇溶液（酒精）、0.5%碘伏溶液（含有效碘5000毫克/升）、0.5%氯己定醇溶液、0.2%过氧乙酸溶液、2%戊二醛溶液、2%新洁尔灭溶液、2%碘酊溶液、3%～6%过氧化氢溶液（双氧水）等。

理论上，消毒在前，清洗在后。

4. 遗体清洗

（1）经家属同意，脱去或剪除逝者衣服，放入专用塑料袋中，交给家属或者经家属同意后集中焚烧，禁止留用遗物。

（2）将脱去衣服的遗体安全放置在遗体清洗台或者殡仪车上。

（3）先用自来水清洗遗体，同时用软毛刷洗刷体表污垢。

①先洗头。用消毒水冲洗头部，再用专用的洗头液为遗体洗发、梳理、冲洗干净。

②全身沐浴。按由上到下、从前到后的顺序用沐浴露为遗体沐浴，最后用水冲洗干净。

（4）将遗体安放在接尸床上。

（5）用毛巾擦干遗体表面，用吹风机将头发吹理成型。

5. 注意事项

（1）尊重遗体，文明操作，动作轻柔。

（2）尊重家属，有问题及时与家属沟通。如果家属希望参与到清洗的过程，尽可能满足家属的愿望。过程中，指导家属清洗、擦干遗体，以缓解家属的悲伤情绪。

（3）做好后续工作。遗体清洗后，应将遗体盖好白布，安放到指定区域，或入冷柜，或化妆，确保安全，以便开展后续服务。

（4）消毒清洗完毕后，应安全放置各类化学药品，对工具进行消毒，清洗工作场地，并处理自己的防护用品。

五、遗体入殓

入殓是重要的殡仪仪式，分为大殓和小殓。大殓是把遗体放入棺木中，小殓是指为遗体沐浴、更衣。

1. 遗体更衣

遗体服饰俗称寿衣，是给逝者穿着搭配的一系列服饰。寿衣有传统寿衣和现代寿衣之分，传统寿衣一般是一整套，除衣服外，还有配套的寿鞋、寿袜、寿帽、寿被等；现代寿衣有西服、中山装、夹克、旗袍等，也可以是逝者或家属喜欢的日常服饰，不一定需要新购。

遗体服饰佩戴要尊重民俗，尊重家属意见，按照家属意愿选择合适的服饰。服务人员要对服饰进行整理，使服饰整洁，看起来端庄、大方、得体。

遗体更衣即为逝者脱去衣物并换上寿衣的过程。给遗体穿衣方法比较常用的有三种：侧穿法、反穿法和抬高法。

（1）侧穿法　是工作人员站在遗体的两侧给遗体穿衣的一种方法。首先要穿袜子，接下来穿裤子，然后穿上衣，最后穿上鞋子。需要戴帽子的，为其戴上帽子。

（2）反穿法　反穿法中穿裤子的方法与侧穿法完全相同，只是穿上衣的方法有所不同。该法穿衣虽说简单，但因遗体僵硬，往往操作不便利，不熟练者费时较多。

（3）抬高法　抬高法是使遗体仰卧，在身下垫两个长方形木块，放在遗体肩部和腿部。在进行更衣操作时，人轻轻一抬，下面有木块支撑，可减轻抬的负担。

2. 将遗体装入包尸袋

装殓时，首先要把担架放在地上，并尽量靠近遗体停放位置，把包尸袋平放在担架上，拉开拉链；然后由两名接运工一人双手托住逝者的两肩，另一人握住逝者的脚踝，同时缓慢地抬起遗体平移至包尸袋内轻轻放下，装入包尸袋后拉上拉链。接运遗体时，应保持担架平行，平稳操作，不要忽高忽低。

对于遗体现象特殊的，要注意加强遗体前期消毒和个人防护。在抬起遗体时，应适当倾斜，使遗体头部高于脚部，防止体液流出。

在接运中，要注意家属可能出现的冲动行为，如扑向遗体、对遗体强拉硬拽等。这时，接运人员除了耐心劝阻外，还要防止遗体落地。遇到情绪特别激动的家属，请其他亲友帮忙劝说。

3. 遗体装入火化棺

为举行告别仪式，一些遗体需要更衣化妆后装入火化棺，以备瞻仰。要根据逝者的身高、体重以及棺木情况，先对火化棺进行修整修饰，如果棺木底部较深，要在棺内垫一些祭奠物品，如黄纸或随葬衣物。入棺时，两位工作人员分别站立于遗体头部和脚部位置，一人托遗体的肩部，另一人握住遗体的双脚，一起用力，将遗体抬入装饰好的火化棺。

六、遗体运输

遗体运输分人工运输和车辆运输。人工运输又称接灵，是用接运工具把遗体从原停放地点移至遗体接运车上的过程。接灵前，可以有默哀、献花三鞠躬等接灵仪式。车辆运输是用遗体接运车将遗体从停放地运回殡仪馆及火化场的运输过程。

1. 遗体运输基本规范

（1）保护遗体不受损坏　保护遗体不受损坏是首要原则。在将遗体接运至殡仪馆的全程中，都要遵守这一原则。

（2）注意行车安全，缓慢平稳　安全驾驶是对驾驶员的基本要求，遗体接运更要注意行车安全，既要保护遗体，也要保护自己，要严格遵守交通规则，文明驾驶。

（3）注意守时守约　守时守约是对遗体接运人员的职业要求。在规定的时间将遗体接到殡仪馆，可以避免遗体污染环境，还可以在第一时间为家属提供治丧服务，帮助家属办理丧事。这不仅是殡仪职工素质的体现，更体现了民政为民的理念。

2. 遗体运输方法

接运遗体的要诀是"脚前、头后"。在抬运遗体的整个过程中，遗体始终保持脚在前、头在后，放入车中也要保持脚朝车内、头朝车外，从而保护好遗体的头部。具体操作方法：先将用包尸袋包好的遗体放在接运担架上；然后将遗体用接运担架搬运至接运车上；抬遗体上车时，将担架前端的双杆并拢送入车厢，然后慢慢推向车厢前部。遗体停放好了以后，要整理妥帖，确认处于安全状态后，才能关好车门。

接运遗体的过程中，动作要尽量缓慢平稳。在车辆行驶过程中，要避免急刹车，尽量匀速行驶。接运遗体需要两个人配合，互相协调完成。

最后将遗体接回殡仪馆（火葬场）后，从接运车上搬运至遗体停放处。遗体卸车时，由两位接运工同时握住担架缓慢地往外拖出，把遗体移至事先准备好的尸床上。

3. 常见问题及处理方法

遗体运输过程中可能遇到的问题分为两类：一是遗体损坏问题；二是遗体运输环境问题。

保护遗体不受损坏是服务第一原则，所以此类问题一定要尽力避免。遇到遗体腐烂变质时，要及时消毒并尽快将其运回。遇到体积过大、体重过重的遗体，要增加接运人员；无法增加接运人员时，可以请家属或亲友帮忙接运。在接运过程中，要轻搬轻放。

七、遗体交接

遗体接运工将遗体运回殡仪馆时，要与遗体暂存部门的人员进行遗体交接工作。

1. 遗体交接的方法与注意事项

（1）遗体交接的方法　遗体运回殡仪馆后，将其卸下，送入停尸间与化妆间工作人员进行交接。交接工作主要进行遗体、遗体身上遗物的检查，以及对遗体有关信息的核对，确认无误后，打印"遗体识别牌"，然后就可以将遗体运往保存间进行保存或整容化妆工作。

（2）遗体交接的注意事项　在遗体交接时要注意方法，在确认如遗体接运单、遗体识别卡、遗体识别牌等单证中的电脑编号、姓名、性别、年龄一致后，应将三证夹在遗体胸前，待遗体保存部门工作人员验收确认后再离开。若有其他接运人员在交接处操作，须在门外等待，待其操作完毕离开后才能进行交接。

2. 遗体运输日志填报

（1）登记册的填写　进行遗体交接时，遗体接运人员要填写遗体接运登记册，如"遗体接运业务登记表"，记录好遗体编号、姓名、性别、交接时间、遗体状况以及遗体身上的物品。

（2）有关表单的收集　不同地区的遗体接运交接所要填写的表单各有不同，但基本内容相同。遗体接运人员应了解所要填写的全部表单，在填写时不能遗漏内容，以防出现差错。

八、后处理工作

（1）车辆消毒，整理消毒工具，保持整洁、安全、环保。
（2）及时进行个人洗手消毒。
（3）清扫工作现场，保持干净整洁。
（4）资料及时归档。

复习思考题

1. 简述遗体消毒的方法。

2. 简述遗体接运的流程。
3. 简述查验遗体的方法。

第三节 非正常死亡的遗体接运

学习目标

1. 熟练掌握非正常死亡遗体接运服务要求。
2. 能够根据服务流程设计非正常死亡遗体接运方案。
3. 熟练介绍非正常死亡遗体接运服务要求和服务流程。

遗体接运人员在工作中所接运的非正常死亡遗体是十分复杂的，如果处理不当，不仅会损坏遗体，给家属带来伤害，还会给殡葬单位带来麻烦。接运人员不能光凭勇敢鲁莽行事，必须掌握过硬的技术，在掌握有关死亡的科学知识的同时，还要学会运用各种工具和材料规范操作。

一、非正常死亡遗体运输

造成非正常死亡的因素有多种，有物理因素，包括机械性损伤死亡（如猝死、交通事故、坠落、火灾、触电、雷击、中毒等）、机械性窒息死亡（如缢死、勒死、扼死、溺死等）；有化学因素，如食物中毒、一氧化碳中毒等。

非正常死亡遗体因死亡时间、死亡地点有很大的不确定性，所以遗体外表和遗体现象存在很大差异，在接运中识别遗体非常重要。例如，因交通事故、高空坠落等死亡的，一般会有出血、损伤、肢体分离等现象；因火灾死亡的，面部焦黑，无法辨别是谁，遗体四肢可能会弯曲，装入包尸袋时比较困难；因溺死或吸毒死亡的，会发生尸体痉挛，双手僵硬，难以转入接运车。还有一些死亡时间长、遗体腐烂变质、有蛆虫或水肿的，工作人员要有心理准备。

非正常死亡遗体必须经当地公安机关鉴定，并开具"遗体处理通知书"后才能接运回殡仪馆。各地公安局、民政局以及殡仪馆对此有相关规定，可以参照执行，如《青岛市非正常死亡尸体火化规定》，上海市公安局、上海市民政局发布的《关于处理非正常死亡尸体的施行办法的通知》。

一般来说，因交通事故死亡的遗体，必须持公安部门开具的"道路交通事故遗体处理通知书"（原件）通知殡仪馆接运遗体。因刑事案件死亡的遗体，经公安刑侦部门同意后，持公安刑侦部门开具的"遗体死亡处理通知书"通知殡仪馆接运遗体。

对非正常死亡遗体进行遗体交接时，要特别注意做好遗体质量鉴别工作，对遗体的状态如腐烂程度、肢体分离和变形状况进行详细检查并记录，必要时拍照留存。如果发现无名遗体身上有证件、首饰、手表等物品，应及时登记，并将贵重物品妥善保存。

非正常死亡遗体一般存在破损或残缺现象，在运输时更要注重保护遗体，避免二次损坏。对于损坏较严重的遗体，可在征得公安部门或家属同意后，在运输前进行消毒，用脱脂棉堵塞口、鼻、耳、肛门、阴道等，对破损部位进行止血、包扎和固定，以便搬运。将其抬进接运车后，应将担架固定在槽内，防止遗体在运输过程中来回摇晃。为防止遗体腹中的秽物从口中流出，应将遗体的头部用折叠好的脱脂棉或毛巾垫高。

对于非正常死亡遗体，一般应警方要求接运，在接运时注意内外配合，一是本单位根据情况选派合适的人员接运，当死亡人员较多时，要做应急预案，全馆动员，遗体整容师协助，共同完成接运任务；二是配合好警方，接到任务后应尽快赶到接运地点，尽快运回遗体，恢复现场秩序。

二、非正常死亡遗体消毒

对非正常死亡遗体进行消毒时，工作人员自身要穿好全套防护服。消毒前，先用浸有消毒液的脱脂棉堵塞遗体各管道口：口、眼、鼻、肛门和阴道。化学消毒法主要是指用喷雾和擦拭法进行消毒。如喷雾消毒，用喷壶先对着遗体头面部喷洒0.5%的过氧乙酸溶液消毒液，再对其躯干和四肢分别喷消毒液，然后用浸湿消毒液的布单严密包裹包扎。回到殡仪馆，可以采用物理消毒法，用紫外线灯照射30分钟进行消毒。

三、非正常死亡遗体更衣

非正常死亡遗体更衣方法与一般遗体大致相同，先穿裤子，后穿上衣。对于非正常死亡遗体，更衣前要进行处理。一是先对皮肤损坏和四肢缺损部位进行止血、缝合、塑形等操作后再更衣。更衣前，要对遗体进行清洗和修复，使遗体外表无明显创缘、无体液外渗。对于小的创缘，用脱脂棉止血后，用502胶黏合；对于大的创缘，需要缝合或塑形，要对离体肢体进行缝合；对于缺损的肢体，经家属同意后塑形或买假肢替代，也可穿上紧身内衣，用脱脂棉或毛巾填塞缺损部分，使身体完整，与原貌基本相似。二是对于肢体内骨骼破碎的，为避免破碎的骨骼在更衣时刺穿皮肤，可将遗体冷冻后更衣，也可采用化学药物防腐，使肢体固定。

四、非正常死亡遗体分类运输

根据遗体现象不同，非正常死亡遗体的接运可分为破损遗体接运、腐败遗体接运和复杂环境遗体接运三种，每种遗体接运注意事项略有不同，但都要注意保护遗体。

1. 破损遗体接运

破损遗体一般因交通事故、高空坠落、打架斗殴、自杀等致遗体损坏，严重的身体会被碾压或肢解成几个部分，这时要注意戴好防护用品，将各个部分收敛完毕后装入包尸袋，也可事先准备好一些防水防渗漏包装袋装殓。

若遗体头部损坏严重，则先用布单将遗体的头部包扎并固定好，用毛巾堵住出血口，防止体液外渗，经家属或公安机关同意后，还可以用绷带固定。对于躯干和肢体有损坏的，也要先止血、堵塞，然后再放入包尸袋，搬到担架上运走。对于损坏不是很严重的，则将遗体放入包尸袋，用担架搬运即可。

腐烂遗体接运时，先消毒，后将遗体装入消毒袋，要求动作要轻、抬放要慢，绝不能强拉硬扯，防止四肢离体脱位，更要防止皮肤破损，操作时要避免与遗体表皮接触，应垫上软质棉、毛巾或者布单。

2. 腐败遗体接运

对于腐败不严重的遗体，和一般遗体接运方法大致相同，堵塞管道口后放入包尸袋运走。对于腐败严重的遗体，先用布单将遗体包扎、固定、捆绑好，再装入包尸袋，体液外渗较多的，可以用两个包尸袋包裹。因溺水死亡而高度腐败的遗体，长时间浸泡在水里，溺水时可能会喝水，遗体腹部积水多，要注意用脱脂棉堵塞口、鼻、耳、肛门、阴道等管道口，防止体液外渗。此外，遗体长时间浸泡在水中，会造成全身肿胀，四肢呈伸开、卷曲状，体积增大，难以放入包尸袋，搬运时会比较困难，接运工可以先用布单将遗体全身遮盖住，放入一个包尸袋内，用绷带将遗体尽量固定到挺直状态，捆绑固定，再用一个包尸袋将遗体包裹好，搬运到担架上运走。

3. 复杂环境遗体接运

在接运非正常死亡遗体时，因自杀、凶杀或意外事故而导致死亡的遗体，其所处的现场环境具有不确定性，而且有相当一部分非正常死亡的遗体所在环境和遗体的具体位置十分复杂，这就给接运遗体带来了相当大的困难。

遗体运输遇到的环境问题一般是空间较小、路况复杂或者无法转弯。遇到电梯内部空间较小的，在电梯门打开后，前面的接运工将担架杆顶在电梯底部一角，先固定底部，将担架固定，然后抬担架后端进电梯，将担架杆贴在电梯一侧的墙壁上，接运工全程扶好担架杆。

在没有电梯设备的情况下，如果楼梯通道非常狭小，还放有居民家中的杂物，需要根据楼梯空间设计出较为方便、省力的方案。空间较窄，接运工行动不方便，更要注意将遗体固定在担架上，两名接运工要默契配合，如果有软担架，用软担架较好，以免遗体滑脱落地。不能使用担架时，只能使用包尸袋或布单和绷带，一人背着下楼。如果遗体太重，要请人帮忙抬。

如果遗体坠落在平台或平房顶上，要先将遗体包扎好放入包尸袋，再用绷带把包尸袋捆绑固定好，特别是头部和脚部要捆绑牢固，再将遗体脚部向下，用比较结实的绳子从平台或平房顶的边沿吊着缓缓送到地面，地面至少有二人协助慢慢放下包尸袋。

遇到上吊自杀的，要先将遗体安全放下。由2~3名工作人员配合，一名接运工托住遗体的双脚向上抬起，将遗体向后倾斜，另一名接运工托住遗体腰部，先把头从绳套中移出来。然后，托住遗体腰部将遗体缓缓放平，然后放到包尸袋内。注意：一是头部从绳套中解开时防止重量加重，二人配合用力，防止遗体摔落，可以先在脚下垫上长桌或条椅，将脚放在长桌或条椅上缓冲一下，减轻接运工的压力。二是接运工要托住后腰部和背部，防止遗体向前弯，以及遗体腹中的秽物从口中反流污染环境。

对于有腹水或是传染病等特殊情况的遗体，要加强个人防护，特别是接运工手部有皮肤破损的，更要注意戴防护用品，防止直接接触遗体。对有腹水遗体的接运要注意：一是将遗体的耳、嘴、鼻用脱脂棉塞住；二是操作时要轻抬轻放，以免体液外渗；三是多人配合，抬起时一人托起腰部，保持遗体处于平行状态，以免腹内压增高导致腹水外流。行车时速度放缓，防止因颠簸引起腹部裂开腹水外渗。

复习思考题

1. 简述损坏遗体的搬运方法及注意事项。
2. 简述腐败遗体的搬运方法及注意事项。
3. 简述复杂环境遗体的搬运方法。

PPT课件

第九章 跨区域遗体接运

课程思政资源

第一节 国内跨区域遗体接运

学习目标

1. 熟练掌握跨地区遗体接运服务要求。
2. 能够根据服务对象的需求设计接运方案。
3. 熟练介绍跨地区遗体接运服务要求和服务流程。

随着流动人口的增多,在异地死亡者逐年增加,国内跨区域遗体接运工作逐渐增多。从事跨区域遗体接运,不但要具备一般遗体接运的知识,还需要了解各地的风俗以及办理跨区域遗体接运的手续和流程。

一、跨区域遗体接运概述

跨区域遗体接运,即将遗体从本省(自治区、直辖市)运往外省(自治区、直辖市)或将遗体从外省(自治区、直辖市)运回本省(自治区、直辖市)的运输活动,包括遗体因故在本省(自治区、直辖市)死亡的且符合有关卫生防疫规定的外省(自治区、直辖市)人员,或在外省(自治区、直辖市)死亡的且符合有关卫生防疫规定的本市人员。

跨区域遗体运输包括两个方面:一方面是将遗体从逝世地点运至殡仪馆中,此类遗体的运输方法同上文介绍的对正常或非正常死亡遗体各类接运方法和要求相同;另一方面则是将遗体从本地的殡仪馆运往客户要求的外省(自治区、直辖市)殡仪馆。在此类运输过程中,一般已对遗体进行了防腐处理等,将遗体装殓到包装盒中加以运输,以确保运输过程中的安全、文明和卫生。

我国关于国人在国内死亡遗体及骨灰运回家乡有以下具体规定。

① 在火葬区或土葬改革区的死亡人员,其家属要及时与当地殡仪管理部门联系,由殡仪管理部门凭卫生、公安部门开具的"居民死亡殡葬证"办理运尸手续,并根据当地殡仪管理有关规定进行火化或土葬。遗体运送,除特殊情况外,必须由殡仪馆承办,任何单位和个人不得擅自承办。

② 对于异地死亡者的遗体,原则上就地就近尽快处理。如有特殊情况,确需运往其他地方的,逝者家属要向县以上殡仪管理部门提出申请,经同意并出具证明后,由殡仪馆专用车辆运送。

正常死亡的,有医疗机构出具的死亡证明的遗体,出于特殊原因要求运回户籍地的,需经户籍地县级以上民政部门许可。

非正常死亡的,经公安部门出具死亡证明的遗体,出于特殊原因要求运回户籍地的,需经户籍地县级以上民政部门许可。

二、跨区域遗体接运前的准备工作

1. 遗体接运设备、设施的维护和保养

殡仪馆或火葬场的遗体接运设备主要为遗体接运车、软硬担架、遗体接运床等，由于省际遗体接运花费的时间较长，车辆来回跑，对车况要求较高，每次出车前应对设施装备进行检查，在回殡仪馆后应进行维护和保养，以保证设施、装备正常运转。

遗体接运车的日常维护和保养如下：一是清洗和消毒，每次接运完毕后，都应当对接运车辆及软硬担架进行清洗和消毒，对担架进行整体清洗和消毒，修整担架的床面，使之保持平整。二是修补或更换破损部分，担架面与担架杆的缝合处有开裂的应及时缝补，如果担架面有破漏或裂口，不可再承受一定的重量的，应及时更换。

硬担架床面与担架杆的焊接线开裂的，应及时焊接，并将焊接处打磨光滑。如果硬担架支撑脚或滚轮焊接处有开裂，应及时焊接并将焊接点打磨光滑，对于带有滚轮的硬担架，应定期添加润滑油，以保持其灵活性。

另外，要定期对遗体接运床的床面和床体进行清洗和消毒，对床体的所有可折叠部位的接头处进行检查，并添加润滑油，使其保持良好的折叠性能。

2. 常用遗体接运工具和用品的管理

对于常用遗体接运工具，除了日常维护和保养以外，在平时闲置时，应根据类别存放于固定场所，并由专人统一管理，在领出和归还时应做好相应的记录并签字。在工具出现破损或毁坏时，应及时修理或更换，还要常备一些容易损坏的部件，以便及时更换。

三、遗体外运的工作程序

① 单具遗体外运的，一般一辆车装载一具遗体。驾驶员应携带遗体外运单至殡仪馆做好交接工作，家属一同去殡仪馆的，应带领家属随车同行，上下车时主动为家属开启和关闭车门；如家属有私家车跟随的，接运车必须控制车速，让后面的跟车能够跟上。如果家属要看遗体火化，应引领其去办理相关手续。

② 多具遗体一起外运的，属于拼车，驾驶员应携带拼车外运单至殡仪馆进行交接，查验遗体状态、遗体外运单，有家属的，及时与家属沟通。外运车附带运送死婴或标本的，应在外运单中特别注明。

③ 外运遗体需要更衣、化妆以及防腐的，尽量满足客户要求，遗体运输使用包装箱或棺木的，可随同遗体一起装车运送。

④ 遗体需要举行礼仪出殡的，驾驶员应在礼仪出殡开始前与礼仪出殡人员进行外运单的交接以及遗体验收工作。

⑤ 殡仪车到达火化场后，将外运单（两联）送交至火化场工作人员签字验收后，收回其中一联，作为遗体移交凭证，带回至本单位保存。外地人员遗体运回原籍的批准流程见图 9-1。

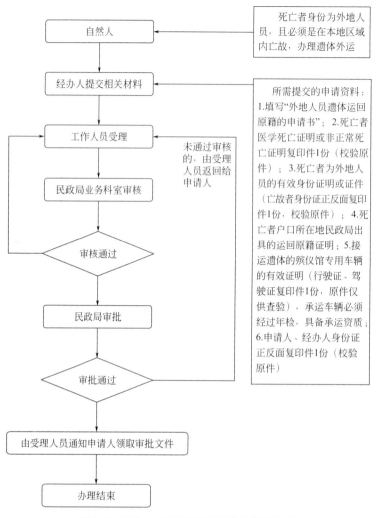

图 9-1 外地人员遗体运回原籍的批准流程

四、遗体由本省运往外省（自治区、直辖市）

1. 手续办理

① 确认遗体可以运输。遗体非因传染病死亡的，可以外运。传染病遗体一般要就地就近火化，不能外运，需要和家属解释清楚。

② 明确申办人的资格，一般为家属或家属委托的单位和个人。

③ 出示相关证明材料。在办理相关手续前，殡仪馆应要求家属提供有效的证明材料，如"居民死亡殡葬证"、家属身份证明以及运往地县以上民政部门或殡仪管理部门开具的遗体接收证明等，接收证明须证明身份、说明遗体运回的理由等。若因交通事故死亡的，须有公安部门开具的"遗体处理通知书"。同时，与家属签订跨省（自治区、直辖市）遗体运输申请委托书。遗体接运人员凭借这些证明到殡仪管理处办理跨省（自治区、直辖市）遗体运输准许证。殡仪馆遗体外运申请表见表 9-1。

表 9-1 殡仪馆遗体外运申请表

××市殡仪馆遗体外运申请表					编号：	
逝者姓名	性 别	年 龄	户 籍		民 族	
死亡时间		死亡原因		死亡地点	逝者身份证号码	
申请运送地点				外运时间		
申请人通信地址				电话号码		
申请理由： 申请人：　　　年　月　日						
运输部意见： 部长(签名)：　　　年　月　日						
防腐部意见： 防腐师(签名)：　　　部长(签名)：　　　年　月　日						
业务部意见： 业务员(签名)：　　　部长(签名)：　　　年　月　日						
领导审批： 审批人：　　　年　月　日						
说明	1. 申请外运属港台外籍遗体必须出示逝者有关出入境证件 2. 申请外运属国内居民必须持接收地县以上民政或殡仪管理部门的证明文件 3. 如采取不正当手段获得有关证件者，一律将遗体就地强行火化 4. 属本馆派车外运，运输部长签署意见					

2. 外运遗体的防腐处理

外运遗体一般需要防腐，殡葬单位一般按遗体状况、运往外省（自治区、直辖市）的天数、家属要求等对遗体进行防腐，防止遗体腐败变质，通常采用以下防腐方法。

（1）物理冷藏防腐　如果遗体保存3~10天，殡葬单位接运车有冷藏设施的，为了保障遗体在运输过程中一直在－5℃~10℃，可以用冷藏防腐。

（2）化学药物防腐　如果保存天数在10天以上，或者殡葬单位接运车上没有冷藏设施，运输时间较长，接运车上电力不足，不能保障冷藏设施有效运行的，就需要进行化学防腐，根据保存时间和要求，采用注射或灌注防腐。

3. 运输路线设计

遗体接运人员应根据本殡仪馆所在地和运送目的地之间的交通道路情况，设计一条快速、便捷、安全、能按时运送遗体的运输路线。

4. 启程将遗体运往外省（自治区、直辖市）殡仪馆

① 携带相关证明。一般遗体接运人员需将"居民死亡殡葬证""跨省市遗体运输准许证"等证明文件的正本随车携带，方便在运输途中应对可能发生的检查。由于跨省（自治区、直辖市）运输，家属的心情比较急，也有为赶时间的缘故，殡仪馆收到的外省（自治区、直辖市）民政部门的接收证明都是传真件，在到达目的地殡仪馆后，遗体接运人员应要求对方殡仪馆提供接收证明的正本，将其带回殡仪馆进行归档保管。

② 必须从殡仪馆运往殡仪馆，不能运至家中或其他地方。根据《殡葬管理条例》的规定，遗体接运人员必须将遗体运送到外省（自治区、直辖市）殡仪馆，不得运往家中或任何其他地方。

五、遗体由外省（自治区、直辖市）运回本省

1. 手续办理

在外省（自治区、直辖市）死亡而要求运回本省（自治区、直辖市）火化的遗体，亲属需提供当地相关部门出具的死亡证明、本地相关部门出具的死亡殡葬证、当地殡仪馆放行遗体的证明、亲属要求将遗体运回本省（自治区、直辖市）的书面申请书等。在上述证明备齐的情况下，殡仪馆出具同意接收该遗体的书面证明。

2. 到外省（自治区、直辖市）将遗体运回本省（自治区、直辖市）殡仪馆

① 携带相关证明文件。遗体接运人员需要随身携带相关证明文件的复印件，到达目的地殡仪馆后，将接收证明的正本交给对方。

② 安全运送遗体回殡仪馆。按照要求，需要及时、安全地将遗体运送回殡仪馆。

六、省际运输遗体归档资料

① 居民死亡殡葬证。
② 运往地民政部门或殡仪管理部门出具的遗体接收证明。
③ 跨省市遗体运输准许证。
④ 跨省市遗体运输申请、委托书。跨省市遗体运输申请表见表9-2，跨省市遗体运输委托书见图9-2。

表 9-2 跨省市遗体运输申请表

编号 _____

申报人	姓　　名		工作单位	
	与逝者关系		联系电话	
	联系地址		身 份 证	
死亡人	姓　　名		户籍所在地	
	性　　别		年　　龄	
	死亡原因		身 份 证	
	死亡地点		死亡时间	
运往国内目的地			承运单位	
申请人提供的证明材料	□居民死亡殡葬证 □交通事故遗体处理通知书 □当地县以上民政部门接收证明（原件） □跨省市遗体运输申请表（原件） □跨省市遗体运输委托书（原件） □经办人身份证明 □专用车辆的机动车行驶证明 □当地殡仪馆遗体运输证明（原件） □其他			
审核意见	审核人：　　　　　年　　月　　日			
审批意见	审批人：　　　　　年　　月　　日			

跨省市遗体运输委托书

兹有_____，性别_____，年龄____岁，系_____地方人，于____年____月____日，在____（地点）因____（按实际填写）____（原因）死亡，由于亲属都在原籍，所以要求将该遗体运回_____大殓、火化。现委托_____殡仪馆办理遗体运输审批申报手续和承运遗体业务。

声明：本人提供的申请和证明材料是真实的，否则愿承担一切法律责任。

申 请 人：
与逝者关系：
申请日期：　　年　　月　　日

图 9-2　跨省市遗体运输委托书

复习思考题

1. 简述省际遗体运送应归档的资料。
2. 简述外省（自治区、直辖市）遗体运回本省的工作流程。
3. 简述本省遗体运到省外的工作流程。

第二节 国际遗体运送

> **学习目标**
> 1. 掌握国际遗体运送的出入境要求。
> 2. 能熟练介绍国际遗体运送服务项目和服务流程。
> 3. 能够根据客户要求提供国际遗体运送服务。

随着我国改革开放的深入发展,外国人来华和国人出境人数越来越多,国际遗体运输案例和业务相应地攀升,异地死亡后遗体的运输服务成为殡仪馆服务的一项重要内容。按照国家的有关规定,凡是境内外运或由境外内运遗体和殡仪活动,统一由中国殡葬协会国际运尸网络服务中心和各地殡仪馆负责承办。

一、国际遗体运送概述

国际遗体运送,即将遗体从中国大陆地区运往国外城市或我国的港、澳、台地区,或将中国籍逝者遗体从国外运回本国。国际遗体接运的对象有外籍人员和中国公民。接运人员主要负责办理相关的手续,并将棺柩从殡仪馆送往机场或将棺柩从机场运回殡仪馆。

国际遗体运输包括两方面:一是将遗体从逝世地点运至殡仪馆,防腐收殓装棺,准备外运,此类运输和国内相同;二是将遗体从殡仪馆运送至机场准备外运,根据国际遗体运输惯例,此时遗体已殡殓完毕并装入专用的遗体外运棺木,这种棺木有一层密封铁质和木质的外包装,方便后续上下飞机及运输。

1. 国际遗体运输基本规范

除一般遗体运输规范外,国际遗体运输还存在特别注意事项。如在一些国家,殡仪馆是民间组织,信用高低不等,很多接收国的领事馆工作人员要对遗体进行检查和封存后才可以运输出入境。我国殡仪馆大多是民政部门下属事业单位,防腐及装殓质量有保证,海关一般不进行检查和封存。

2. 国家有关遗体及骨灰异地运送的规定

(1)中国人在国外死亡,遗体及骨灰运回中国的规定 由其亲属、所属驻华使领馆或接待单位申报,经死亡地或原籍或遗体安葬地的省(自治区、直辖市)民政、侨务和外事部门同意后按《实施〈中华人民共和国国境口岸卫生监督办法〉的若干规定》和《海关总署关于对尸体、棺柩和骨灰进出境管理问题的通知》办理遗体、骨灰进出境手续。由中国殡葬协会国际运尸网络服务中心或分设在国内的地方机构承运遗体。

(2)外国人在中国死亡,遗体及骨灰运出境的规定 1995年6月20日外交部、最高人民法院、最高人民检察院、公安部、国家安全部、司法部联合发布了《关于处理涉外案件若干问题的规定》,《外国人在华死亡后的处理程序》作为附件同时发布。文件规定在中国死亡的外国人遗体可在当地火化,亦可运回其国内。处理时,应尊重逝者家属或所属国家驻华使领馆的意愿。遗体运输可由中国殡葬协会国际运尸网络服务中心办理,也可由国际运尸网络服务中心指定的殡葬服务机构办理。

遗体运输的包装要求：首先应做防腐处理，然后将遗体装入厚塑料袋中密封，放入金属箱内。箱内应放木屑或碎木炭等吸湿物，连接处用锌焊牢，以防气味或液体外溢。金属箱应套装在木棺两侧，应装有便于搬运的把手。遗体、棺柩出境须准备以下证明。

① 由医院或公安、司法机关出具的"死亡证明书"或者"死亡鉴定书"，亦可由有关涉外公证处出具的"死亡公证书"代替上述证明书。

② 由殡仪部门出具的"防腐证明书"。

③ 由防疫部门出具的"遗体检疫证明书"。

④ 海关凭检疫机关出具的"遗体、棺柩出境许可证书"放行。

二、外国人在中国死亡后的遗体出境程序

国际间遗体的运输关键是要办理相关的手续，涉及卫生检疫、公证处、海关、领事馆、航空公司、货运公司等部门，运输流程如下：死亡的确定—通知外国驻华使领馆及逝者家属—遗体解剖（正常死亡无须解剖）—出具证明—对遗体的处理—骨灰、骸骨和遗体运输出境—遗物的清点和处理—撰写"死亡善后处理情况报告"。

1. 前期工作

（1）明确丧事承办人　在办理遗体出境手续前，应确定丧事承办人，可由以下任何一方担任：家属、驻华领事馆、家属委托的代理机构（如保险公司和外轮代理公司、接待单位等）。与丧事承办人签订殡殓服务委托书，委托殡仪馆全权处理遗体的殡殓和外运业务。

（2）通知外国驻华使领馆及逝者家属　外国人在中国境内死亡的，应尽快通知家属及所属国驻华使领馆。正常死亡的，在通报国家机关和地方外事办公室后，由家属或单位通知，无上述人员时，由有关省（自治区、直辖市）公安部门负责通知。非正常死亡的，由处理案件的机关负责通知，按国际惯例尽快通知，一般不应超过四天。

通知的内容应简单，包括死亡时间、地点、原因等，死亡原因不明需调查后方能定的，可先通知死亡发生的事实，告知对于逝者的死亡原因正在调查中，在不违反保密原则的情况下，告知家属调查机关及其联系方式，以抚慰家属。

（3）遗体解剖，查验逝者　对于正常死亡或死亡原因明确的非正常死亡者，一般不需解剖遗体。若逝者家属或其所属国家驻华使领馆要求解剖，并有签字的书面要求，可以做解剖。

对于死亡原因不明的非正常死亡者，为查明死亡原因需进行解剖时，由公安、司法机关按有关规定办理相关手续后解剖。

（4）出具死亡证明和遗体入境许可证　对外公布死亡原因要慎重，如原因不明的，或有其他致死原因，待查清后，再向外公布和向家属及使领馆提供证明。正常死亡的，由县级或县级以上医院出具"死亡证明书"。外国人死在家中，医院无法出具"死亡证明书"，或者逝者所属国家要求办理"死亡公证书"时，应办理"死亡公证书"等公证文件。办理公证，必须先在逝者居住地所在的公证处申请，由我国地方外事办公室和有关外国驻华使领馆认证。非正常死亡的，由公安机关的法医出具"死亡鉴定书"。死亡证明交逝者家属或逝者所属国家的驻华使领馆。

外籍人士死亡须凭外国人死亡证明、护照、死亡公证书到领事馆注销护照，开具死亡护照和遗体入境许可证。遗体入境许可证由外国驻华领事馆总领事亲笔签署，证明该国同意将

遗体棺柩运送进国境的证明。一些国家要求在去领事馆办理手续前，应将死亡公证书送到外事办公室予以认证，如法国、菲律宾、德国等。

（5）决定遗体火化或外运　对于在中国死亡的外国人遗体，可就地就近火化，亦可运回国。如何处置，应尊重逝者家属或逝者所属国家驻华使领馆的意愿。遗体火化由家属或逝者所属国家驻华使领馆提出书面申请并签字，由当地殡仪馆负责火化，将骨灰交给家属或驻华使领馆工作人员，由他们带回或运回。

对于不愿意火化的非传染病遗体，可将遗体运回国。运输手续和费用原则上由外方自理，外方要求遗体更衣、化妆和举行遗体告别仪式的，应尽量满足其要求。

外国人要求将遗体土葬在我国的，一般情况下婉拒，告知对方我国提倡火葬。外国人要求将骨灰埋或撒在我国土地上的，一般亦应婉拒，但对于对我国做出特殊贡献的友人或知名人士，应报请省级民政部门决定。

2. 遗体运输出境操作

（1）遗体防腐　遗体外运在装棺前要做好防腐，以现有技术条件无法做好防腐的要和家属沟通，及时火化或采取其他措施。对于各种传染病遗体，一律不得外运，要和家属解释清楚。

国际运输遗体防腐是中长期防腐，根据运往国家，确定在 30~45 天内不变质；一般采用化学灌注防腐，使用长期注射防腐液，确保遗体防腐效果好。

（2）选择遗体入殓器材　棺木是遗体运送必备葬具，按材质分木棺和金属棺等。木棺有中式和西式：中式木棺较重较大；西式木棺重量和体积比中式棺木轻小，在国际运送中较多采用。金属棺多为铁板轧制，外表烤漆。与木棺相比，金属棺密封性和强度较高，不生虫，可以较好地保护遗体。

随着遗体外运增多，现在还有外运遗体专用棺，内部用不锈钢材质做内棺、外部是能装卸的木质棺，价格在 1 万~3 万元不等。

遗体运输器材为三层，即内层棺柩、中层全封闭铁皮和外层木板包装。外包装箱可保护遗体，也可防止遗体体液外渗，还设有上下飞机起重机专用的插口，方便运输。各国对国际遗体运送要求都比较高，因此在遗体外包装上，应尽可能选择卫生安全性较高的棺柩，以避免不必要的麻烦。

（3）协商确定服务项目　选择完遗体入殓器材后，工作人员将与丧事承办人协商殡殓服务项目，确定后向丧事承办人提交报价单或服务单。报价单是殡仪馆与丧事承办人确定外运费用的凭证。报价单上应注明逝者姓名、性别、年龄、国籍等基本信息，以及各项服务费用，包括遗体国内运输费、棺柩包装箱费、防腐费、礼厅费、更衣化妆费、手续费、劳务费和航空运输费等。报价单参考表 9-3 "殡仪馆遗体外运报价单"式样。

遗体跨国运送一般需要 8 万~20 万元，除了买过保险的人或因公出差的人之外，其他的需要承办人承担这笔费用。

（4）落实各项服务　殡仪馆根据报价单以及与丧事承办人明确的服务内容落实各项目，确定服务人员、服务时间、服务地点等。殡仪馆还应及时与航空公司联系，了解航班信息，和家属协商确定运输日期，接收棺柩的殡仪馆名称，以及接收人姓名、联系方式和地址，提前预订飞机货运舱位。

（5）办理遗体外运许可证　凭有效证明到殡仪管理部门办理遗体外运许可证，包括遗体、骨灰运输申请表，殡殓业务委托书和遗体外运准许证。

表 9-3 "殡仪馆遗体外运报价单"式样

殡仪馆遗体外运报价单		
死者姓名： 国籍： 证件类型： 证件号码：		
委托机构		
项目	说明	价格
车辆运输	事故现场至殡仪馆	
	遗体搬运（进馆）	
	包单	
	收尸袋	
	殡仪馆至（机场）	
	机场高速路桥费	
	遗体搬运力资（出馆）	
遗体冷藏		
遗体防腐	防腐整容化妆	
	遗体搬运（装棺）	
	收尸袋	
	国际运尸棺柩	
	棺外包装	
检疫报关	代办证	
预约机舱位	确定航班货运单	
合计		
备注：		

（6）填写国际运尸证明 填写由中国殡葬协会国际运尸网络服务中心统一出具的国际运尸证明，包括遗体/棺柩/骸骨入/出境卫生监管申报单、遗体入/出境防腐证明和遗体/棺柩/骸骨/骨灰入/出境入殓证明。

（7）办理卫生检验检疫证明 凭外国人死亡证明或居民死亡殡葬证、身份证明和国际运尸证明到卫生检验检疫部门办理手续，预约卫生检验检疫部门到现场监督遗体入殓。通过检疫后，现场出具"中华人民共和国出入境检验检疫遗体/棺柩/骸骨/入出境许可证"，许可证由检疫医师签字确认。

（8）办理货运提单、海关报关手续 根据预订日期，及时将棺柩运送到机场，办理制单、海关报关等待运手续，取得货运提单。办理海关报关手续应凭身份证明、外国人死亡证明或居民死亡殡葬证，以及卫生检验检疫部门出具的遗体/棺柩/骸骨入/出境许可证和国际运尸证明等。

制作文件时的一般注意事项：跨国遗体运输一般采用英文和运往国通用语言两种文字来制作证明文件。在我国要用能够识别的中文填写各类证明文件。

正式文件最好打印，不要用手写。使用数字和符号时，也要遵守一定的规范，使用国际通用的记录标准。例如，对于用 0 和字母 o、q 和 9 等文字记录时，要区别开比较困难，记录时要特别注意。月份用英语记录（1月——JAN、3月——MAR、8月——AUG 等）。

（9）将棺柩从殡仪馆送至机场 全部手续办理完毕，将棺柩从殡仪馆送至机场，应根据道路交通情况设计一条安全、快速、能按时运送棺柩的路线。到机场后，由货运处专职人员使用铲车将棺柩卸下，卸运时接运人员应提醒他们注意安全，平稳移动，避免发生棺柩坠地的情况，以免对遗体造成不必要的损坏。

3. 善后处理工作

（1）遗物处理　逝者遗物清点是非常重要的工作，原则上应有逝者家属或驻华使领馆官员和我方人员两方在场，方可清点。如家属或驻华使领馆官员明确表示不能到场时，可请公证处人员到场清点，并由公证员将上述人员不到场的原因和事实注明。如逝者有遗嘱的，应将遗嘱拍照或复制，将原件交给逝者家属或其所属国家的驻华使领馆。遗物清点必须造册，列出清单，清点人核对完毕后均应签字。遗物移交要开具移交书，一式两份，注明移交时间、地点、在场人员、物品名称、件数、种类等，双方签字后办理公证手续。

根据国际惯例，棺木内不许放任何物品，因此外运遗体不得放入遗物或随葬品，在举行封棺仪式时，由法定卫生检验检疫部门到现场进行监督执行。如遇客户要求放置遗物或随葬品的，应告知家属自行处置遗物。对于有纪念意义的遗物，消毒后保存；对于不要的遗物，一般采用焚烧方法处置。

（2）撰写"死亡善后处理情况报告"　逝者善后事宜处理完毕后，由接待或聘用单位撰写"死亡善后处理情况报告"。无接待或聘用单位的，由处理善后事宜的公安机关或者司法机关完成。"死亡善后处理情况报告"应包括对逝者的抢救措施、诊断结果、善后处理情况，以及外方反应等。上述死亡报告应报上级主管单位、地方外事办公室、公安厅（局），抄送外交部。

三、中国人在国外去世遗体入境程序

遗体入境手续相对集中在国外办理，国内接运人员主要负责将棺柩从机场提取出来，用殡仪馆专用车辆运送到当地殡仪馆，或家属要求的外省（自治区、直辖市）殡仪馆，不能运送到殡仪馆以外的其他地方。

1. 明确丧事承办人

在办理遗体入境手续前，同样需确定丧事承办人。一般丧事承办人为以下人员：家属、接待单位或家属委托的代理机构。丧事承办人与殡仪馆签订殡仪服务委托书，委托殡仪馆全权办理遗体的入境手续和殡仪服务业务。

2. 准备相关证明及材料

遗体接运人员应要求丧事承办人事先提供相关的有效证明文件，一般可传真过来，或将证明文件扫描后发邮件或直接通过网络传递过来，以便办理棺柩入境手续。

所需证明文件一般包括：逝者护照、当地死亡证明书、领事馆出具的遗体出境证明、公证书、当地殡仪馆出具的遗体防腐证明、货运提单等。

非正常死亡的，还应提供尸检报告。同时，还应了解确切的航班时间、随行人员及其他特殊需求。凭借这些证明文件，遗体接运人员到机场办理卫生检验检疫手续，获取"中华人民共和国出入境检验检疫遗体/棺柩入境许可证""遗体移运许可证""入境货物通关单"。

"中华人民共和国出入境检验检疫遗体/棺柩入境许可证"是提取棺柩的凭证，上面注明逝者的姓名、国籍、性别、出生日期、死亡日期、准予入境等内容，并由医师签字确认。

"遗体移运许可证"是允许棺柩从本省（自治区、直辖市）运往外省（自治区、直辖市）的证明，上面一般注明申请人姓名、性别、国籍、出生日期、死亡日期、死亡地点、致死原因、准予移运等内容，并由检疫医师签字确认。遗体在国外运输，主要受国家之间航运飞机班次的限制，在较小的城市，没有外国飞机直达，只有先运到北京、上海等城市，再由国内殡仪馆转运到其他城市的殡仪馆。注意遗体不能直接运回家。

3. 办理遗体入境事项

棺柩到达机场后，遗体接运人员凭相关证明文件到海关办理放行证，随后到货运处提取棺柩，由货运专职人员使用铲车将棺柩装上接运车。在装运时，需提醒工作人员注意安全，装载完成后，遗体接运人员将棺柩运回殡仪馆或家属要求的外省（自治区、直辖市）。

若棺柩直接运往外省（自治区、直辖市），一般不再开棺查验。相关的手续按照遗体运往外省（自治区、直辖市）的手续办理。但若是要求到本地殡仪馆办理殡殓业务的，则将棺柩运抵殡仪馆后，与家属预约开棺时间，在家属都在现场的情况下开棺查验，遇到遗体腐败或其他问题时，家属需要找国外的殡殓服务提供者。一般遗体损坏不是特别严重的，家属不愿麻烦；遇到腐败严重的，家属会找国外承运人，但遗体损坏已经造成，难以挽回，一般会赔偿部分经济损失。

四、海外遗体运送的禁止性及限制性规定

1. 禁止性规定

因患传染病死亡的，应立即消毒，就地就近火化，国内一般不能运送，更不能运往国外。
《中华人民共和国传染病防治法》中将传染病根据危害程度不同，分为甲类传染病、乙类传染病和丙类传染病。可参照法规标准实施。

2. 限制性规定

一是要遵守法律法规、宗教信仰和风俗习惯。往海外运送遗体的时候，要遵守逝者国籍所在国家和运送国的法律法规，尊重逝者的宗教信仰和风俗习惯。当外国人或者本国人死亡必须要将遗体运往国外时，要充分了解国家法律法规以及宗教信仰、当地葬礼习俗、安葬方式，更好地为其提供服务，以免产生矛盾。

二是不同国家的特殊要求。处理外国人死亡的相关手续时，应务必注意。

复习思考题

1. 简述遗体外运的限制性和禁止性规定。
2. 简述遗体运送到国外需要的文件。
3. 简述遗体运送到国内需要的条件和相关文件。
4. 简述骨灰、骸骨和遗体运输出境的规定。

PPT课件

第十章 追思告别服务

课程思政资源

第一节 追思告别活动策划

学习目标

1. 了解追思告别活动的基本要求。
2. 能够独立策划追思告别活动。

一、追思告别活动及类型

追思告别是追求精神表达并辅以传统礼节所进行的告别活动,指在一场治丧活动中,对于故人追忆和思念的一种聚会形式,在时间上属于由殡仪环节转为安葬环节的仪式过程。为逝去的亲人举办追思会,既是对逝者的追忆和思念,也是生者寄托思念之情,通过追忆、思念其生前的贡献和付出,让爱为生命祝福,为逝去的亲人的人生画上圆满的句号。

追思会举办的地点相对自由,任何场地都可以作为追思会的举办地点,其追求的是一种感觉与氛围,大家在这种气氛中怀念过往。追思活动形式多样,主要是帮助大家追忆、思念逝者,以及回顾其生前的贡献和付出。追思会有以下几种主要类型。

1. 遗体告别追思

遗体告别追思是指在遗体火化前,家属和群众瞻仰遗容、表达哀伤,针对遗体所进行的情感表达形式,让家属以及群众在特定的环境中能够把内心的情绪表达出来,让逝者生前所具备的精神能够影响到参与人员,使其能传承下去。

2. 出殡追思

出殡追思是指在治丧期间针对出殡环节所进行的追思活动,主要场所多在殡仪服务机构,目标是为逝者的人生画上一个美丽的句号。

3. 周年追思

周年追思是指针对家族中的某位已故先人,在其生辰、祭日、清明、寒衣、冬至或是有纪念性之日所进行的追思活动,主要场所多在家中或是墓葬现场,目的在于让后世子孙回忆先祖的优良传统与善美家风。

4. 公众追思

公众追思是指针对在某行业内的知名人物或是对国家有显著贡献者,其事迹值得后世追忆、缅怀所进行的追思活动,例如祭孔、革命烈士公祭等。

二、追思告别活动的特点及主要内容

1. 追思告别活动策划的特点

（1）策划必须具有可操作性，有心理抚慰和应急方案　追思告别活动的策划必须具有可操作性，合理安排活动，所做的方案能够直接落地执行，技术适用。好的追思告别活动的策划，要考虑活动的时间、方式和地点、参加人员以及执行人员的具体情况，更有甚者还要考虑活动时间的天气状况、参加追思人员的风俗习惯、身体状况、家庭情况等。

完整的活动策划必须要有应急方案，要考虑到相关参与者的卫生防护、劳动保护和应急事故处理要求，包括卫生防护、消毒防疫、心理抚慰、居丧指导等环节，以及雨天备案、紧急措施、危机应变人员等额外的附案，这些都考验着策划人对于整场的信息条件的掌握程度。

（2）策划必须从实际出发，要考虑环境与社会承受度，注重传播殡仪文化及正能量　整体策划方案简明便捷，易于理解，便于执行。策划既要考虑逝者及来宾情况，方便家属，体现人性化设计，又要考虑治丧者及服务机构可运用的告别厅堂、鲜花礼厅、音响设施、接待人员等资源，还要考虑服务机构整体的组织能力，能满足逝者家属和其他活动参与方所提要求或化解各方矛盾与争议，从实际出发，做出符合逝者个性的策划。

追思告别活动的策划要考虑逝者在世时的身份、地位、事业成就、丰功伟绩、人生智慧与个性特征，配合家属的需求和想法，无论是隆重盛大还是温馨典雅，都要能为其提供量身打造的专业企划与执行方案，让家属与至亲好友在精致的会场布置以及庄重的气氛中为逝者送别。

另外，要充分考虑相关人物的家庭经济条件，制订经济上适当、可行的策划方案，对殡葬惠民政策的客户也要宣传。策划方案要能够做到将逝者的人生故事完美地展现，取得预期效果，告慰逝者、慰藉家人、缅怀先人、激励后人，又要考虑到社会影响，传播正能量。

（3）考虑家庭、社会与文化环境因素，全方位策划，满足客户的精神及物质需求　追思告别活动的策划是对殡仪活动全程、全方位的策划，客户所提出的合理化要求，只要不是封建迷信的、违法乱纪的，在策划过程中都应当最大限度地满足，进而精心整合资源，进行可行的策划。

策划时应注意其与前后服务流程的衔接和配合。策划中最好讲明遗体收殓、消毒、接运、整容、告别、火化和殡仪文书服务等环节的主要事项，以便治丧者了解全过程。策划方案除满足客户需求外，还应能够支持本机构的可持续发展，正确引导家属自主选择服务项目与内容，并告知家属后期有关殡仪事宜，以利于家属能够自主完成殡仪过程和后期开展丧事活动。

对家属的家庭环境，如家庭人员构成、家庭经济状况、殡仪风俗、民族丧葬习俗和宗教信仰要充分考虑，策划方案不能违背社会公序良俗，应符合当代社会文化，传承、弘扬、创新先进的殡仪文化。

（4）策划书要简单明了，注意专业性和效率性、创新性和适应性　策划书应使用大家都比较明了的词汇和确切的专业术语，要做到结构合理、容易阅读、表达形式合理。策划书要合理、有效地运用专业术语，能为丧事承办人提出合理化建议，并在专业上阐明其理由，能在现有服务和产品的基础上有所突破，采用新技术如全息投影、花艺造型等。

此外，策划方案要关注客户的现实需求和潜在问题，提供的方案内容新颖、富有创意、具有美感，对殡仪领域社会的敏感问题能有合适的回答，给出的意见超出客户预期。

2. 追思告别活动策划的主要内容及注意事项

① 一般内容。包括追思文书制作及追思影片制作、丧葬用品准备、追思会和遗体告别仪式的策划、接送骨灰仪式的策划、骨灰落葬仪式的策划、骨灰寄存仪式的策划、墓地祭奠仪式的策划等多项内容。

② 治丧者关注的内容。包括活动流程、时间安排、人员安排、场景布置、费用预算等。

③ 安全及环境保护方面的因素。包括场景安排中的危险因素及安全因素、消毒卫生安排、天气变化的应急预案、对老弱病残等人员的特殊照顾等。

④ 心理抚慰等精神需求。包括满足家属的特殊需求流程，让家属参与缓解心理压力的活动，在特殊死亡事件中安排工作者及专业心理抚慰人员参与等。

⑤ 其他内容。包括对专业问题的解释以及服务流程中应注意的问题等。

三、策划追思告别活动的流程

1. 了解逝者基本情况及需求

活动策划除了要了解逝者的性别、年龄、死亡原因、死亡时间、死亡地点等信息外，还要了解家属对追思会的一般需求及特殊需求。

（1）家庭成员及关系　明确了解所有参与人员与逝者的关系，包括本身在家族中的所属辈分，以及直系亲属、旁系亲属、隔辈亲属人员名单，并需要提醒家属所要通知到的人与单位等。了解这些关系，在整个治丧活动中尤为重要，仪式看重辈分而不看重年龄，所以成员组成关系就会影响到殡仪文书的撰写与告别仪式的站位、追思拜奠的先后次序等。

（2）逝者生平及贡献　要详细了解逝者的生平事迹，这样有助于编写追思词，如何时、何地出生，何时进入某单位参加工作，入职以来荣获过什么奖项或是担任过什么重要职位，是否有过重要成绩及功劳，何时退休，甚至会细化到去世前的生活，如婚配情况、子女及后人情况等，以及在他的一生中发生过哪些特别值得记住的人或事等，逝者生前的愿望和理想等。

一般情况下，生平都是有工作单位的退休人员才会有的，而另一种情况则是生前有过特殊贡献的人员，所做出的事情被社会或者周围的人员所认可。然而，这并非限定，在现在的追思型礼仪中，生平介绍是整场治丧活动的核心，而他的一生却是最能触动家属的，生平是策划追思告别活动需要了解的核心因素。

（3）社会关系　社会关系网络包括个人的家庭关系、个人与群体之间的关系、个人与国家之间的关系。个人的家庭关系包括父母和兄弟姊妹情况、配偶家庭情况及子孙情况等；个人与群体之间的关系包括其所学习的学校、所在单位、居住的小区以及参加的其他组织的情况等；个人与国家之间的关系是指国家在个人心中是否存在，一些人关注国家和社会发展，在他的言行中会有体现。在整个治丧活动中，治丧活动的规模大小，其中最大的影响因素在于参与人员的多寡，而参与人员的多寡则取决于逝者生前及其家属的交友范围。

（4）了解殡仪服务对象的一般需求及特殊需求　很多时候，家属都提不出具体要求，在亲人去世时，家属的精神难以集中，甚至是没有自主思考能力的，所以就需要策划人根据逝者的身份、社会地位、年龄、性别来协助家属归纳其想呈现的追思主题，满足其特殊需求，礼仪人员的配置、民俗规矩、追思规模、追思预算、参加人数以及参加人员的职位和辈分。

在传统治丧活动中，礼仪程序较为复杂，又非常讲究血缘亲疏关系和行礼规格，所以应事先与服务对象进行沟通，确定好参与人员、奠拜次序和行礼规格等方面的事宜。现代殡仪服务更加注重服务形态与意识，加上现代人思想的转变，追思需求已渐渐渗入传统礼仪中。

对于家属来说，治丧环节中出现问题都是大事，殡仪服务人员不可自作主张，需要与家属充分沟通，要把问题呈现给家属，依据他们的意见执行。

2. 确定追思告别活动的主题

在策划的起始阶段，确定策划主题是一个耗费时间的过程。策划主题主要由丧事承办人提出，因为这涉及这场追思告别活动的规模、格调和经费，追思告别活动的策划人在这个问题上只能是参与，提出修正建议。

同时，策划者的观念要有创新性。家属表达其需求时，通常具有一定的理想性，这属于正常现象，否则就不需要专业的殡仪服务人员来进行策划了。殡仪服务人员需要有创新性思维，以专业的手法和技术策划出家属理想中的实践方案。

3. 围绕主题收集相关信息

追思告别活动的策划，是殡仪服务人员审视现在、预测未来和规划行动的动态过程，只有了解客户有关情况，才能做出科学的策划。

首先，要收集策划主体方面的信息，如殡仪服务单位设施、设备、丧葬用品、人员素质等现有的状况是否有承担能力；其次是殡仪服务单位内部各部门的协调状况是否能承担这次策划任务；最后是考虑在主题活动执行过程中可能会出现的异常情况及解决方式、方法。

收集的相关信息都要围绕主题活动进行，主题主线要清晰明了，不要加入太多的非主题活动内容。非主题活动内容太多，不但要投入更多的人力、物力、财力，会造成浪费，而且会使主题活动偏离核心或丧失核心目标，最终影响策划活动的整体效果。

4. 策划初步草案

根据各环节负责人所反馈的信息，以及服务对象的需求，编写策划草案。草案是整场追思仪式的大体框架，包括人员分工、物料清单、经费预算、仪式规模及告别现场礼仪人员的安排，草案落实后，依据与服务对象的反复沟通与推敲，形成定案。

追思场地的规模大小，是确定预算的一个重要细节，场地空间大，意味着现场布景就会繁复很多，参加追思的宾客代表众多；场地空间小，相对来说活动比较简单，参加追思的宾客代表较少，各环节的负责人相对也会减少。如果是在殡仪馆举行追思仪式，那么就要协调场地是由家属自行布置还是由殡仪服务机构来布置，家属要改变方案时，要及时反馈给策划人。

5. 与家属协商经费预案，修改策划草案

在草案的制订过程中，最需要注意的就是经费预案，因为所有经费都会由殡仪服务对象承担，要在殡仪服务对象所能承担的范围内提供策划。对于各项事宜，包括人员分

工、物料费用、告别场地、告别规模、场地布置以及各项费用的预算,与殡仪服务对象协商确定。

6. 撰写并修改追思告别活动策划书,形成最终方案

(1) 参加追思告别活动的人员工作分配表　参与追思告别活动的人员要按所分配的分工事项,各司其职,一旦某个环节出现差错,能有预留人员接手调配。同时,还需要确定各个项目的负责人和协调人,环节的分工与准确落实,是整体策划取得成功的关键。

(2) 所需物品及场地的筹备　必须细致地安排人员在何时、何地,以某种确定的方式提供活动所需要的物品及场地。策划书虽然以策划者角度设计,但必须保持换位思考,尽量用逻辑鲜明的方式进行撰写,逐条分列,如策划书中出现对方不理解的言辞,则会造成双方认知的矛盾,应尽量避免。

(3) 经费预算表　经费预算表是对策划整场追思告别活动中人力、消耗、布置等一切花销统筹计算后,确定各项所需的经费,并用清晰明了的形式列出。

四、情境案例

人物背景:××,男,1921年生,卒于2017年8月,享耆寿98岁。白手起家,跨省业务公司董事长,老伴已逝世,育有一子、一女,均已成家立业,并且孙辈在外地打拼。经前期信息采集得知,老人三年前逝世,其子女欲为其举办逝世三周年追思会,再次追忆其精神,请拟订具体追思策划方案。

1. 策划主题及策划书名称

主题:追身忆影　精神咏怀

策划书名称:××逝世三周年追思会;敬爱慈祥××老先生追思会

2. 仪式时间

××年××月××日8:00～11:00。

3. 仪式地点

××省××市××礼堂。

如果有专车接送,可以注明,请来宾于××年××月××日7:00在××处等候,随车前往。

4. 仪式准备

① 与家属讨论礼仪目的及流程,制订策划方案。

② 根据家属提供的来宾名单,制作邀请函,确定来宾人数,并安排座位。

③ 司仪撰写司仪稿,并确定仪式当日上台发言的人数及发言内容。

④ 制作追思影片和录制背景音乐。

⑤ 确认仪式现场礼仪引导、摄像人员。

⑥ 全体工作人员在仪式开始前一天进行彩排。

5. 追思活动流程

第一部分:会场布置(提前一天布置好)

① 场外迎宾区:以白色花艺和绿色地毯为背景,寓意思念。

② 内场坐席区：在礼厅中央通道两侧用逝者生前喜爱的花卉装饰。

第二部分：迎宾仪式（9:00～10:00）

来宾陆续到场后，礼仪服务人员引导来宾入场就座。

第三部分：仪式开始（10:00）

① 司仪提醒会场注意事项，宣布仪式正式开始，背景音乐响起。
② 来宾分别讲述××生前经历。
③ 来宾写下对××的哀思寄语。

第四部分：仪式结束（11:00）

① 引导来宾前往餐厅用餐。
② 家属招待来宾。
③ 工作人员清理场地。

6. 采购所需物资及经费预算

经费预算包括道具采购、现场布置费用，礼仪服务费，追思影片、背景音乐费用，宴席费用等。常见的追思会经费预算见表10-1。

表10-1 追思会经费预算表

节点	项目	单位	人员	数量	金额	负责人
餐费	餐盒	××面包店		20桌		
追思会	场景布置	礼仪服务公司	3人	1套花山		
	展架	礼仪服务公司		2个		
	桌子	礼堂		40张		
	桌布	礼堂		40幅		
	椅子	礼堂		80张		
	遗照相框	礼仪服务公司		1个		
	电子讣告	礼仪服务公司		1个		
	奠礼司仪	礼仪服务公司	1人			
	奠礼襄仪	礼仪服务公司	2人			
追思影片、背景音乐费用	追思影片	礼仪服务公司		1组		
	背景音乐	礼仪服务公司		3天		
	纪念册	礼仪服务公司				
总预算金额						

依实际情况及与家属协商可更改以上内容。

7. 人员分工安排

（1）确定各环节责任人　联系人实际上是各活动环节的负责人，与服务对象洽谈好以后，需要对接的人员前去落实，例如，需要协助的人员该去找谁寻求支持，招待物品需要谁去购买，追思仪式中需要的物料是由殡仪服务单位提供还是由服务对象自行采购，并列出详细的物料清单，确定责任人，限定执行时间。

（2）确定各环节服务人员　各个环节的负责人的有效对接尤为关键，在整场追思仪式中，需要协调的人员众多。

追思现场主持司仪、襄仪负责来宾签到、追思物品（胸花、臂章）的发放，协调来宾进场次序，确定主奠者、陪奠者与奠者次序。

总体来说，整场活动中的人员分为后勤组、招待组、车队、外事组、机动组。

在追思会开始前，需要充分考虑来宾的人数与特性、天气等，如遮阳场地规划、现场人员引导、现场动线图、车队路线图等各个节点的衔接与负责人员分配。

人员分工表见表10-2。

表10-2 人员分工表

组别	事项	责任人及电话	备注
后勤组	物品采购		
	音乐、摄像		
	安保		
招待组	引导		
	礼仪		
	餐饮		
车队	总调度		
	司机		
外事组	家属联系人		
	来宾联系人		
机动组			
总负责人			

复习思考题

1. 2020年11月，发生火灾事故，受困火场的民众有十余人，社区居委会党员李某经抢救无效死亡，年仅30岁。此事引起社会关注，经与家属沟通后，由其单位牵头组织为李某在殡仪馆举行遗体告别仪式。请你策划遗体告别仪式。

2. 地方38岁的教育工作者王女士，因在下基层走访中不幸意外死亡，子女年纪较小，由家中长辈出面协调后事。王女士一生甘于奉献，无论政府、单位、家庭，关切人员数量均较多，家中长辈担心不能圆满地处理其治丧活动。请问，殡仪服务人员应该如何协助家属更好地进行统筹分工，策划治丧活动？请写出策划书。

第二节　追思告别活动布置

学习目标

1. 能够充分掌握追思氛围营造的手段与重要性。
2. 熟练规划追思告别活动所需的基本布置与摆设。
3. 能够根据不同的家庭、不同的环境设置不同的告别环境。

一、布置追思告别活动前的准备工作

1. 了解追思告别厅大小及类型

一般殡仪服务机构所设的告别厅可分为以下四种类型。

（1）简易型小灵堂　参加人员主要是直系亲属，一般在 10 人之内，追思流程较短，其内容布置也很简单，在灵柩周围简单装饰即可。

（2）小型厅　参加人员主要为直系亲属，还有少数亲朋好友，一般在 20 人之内，追思流程也较为程序化，一般城市的小家庭多选用这种类型。

（3）中型厅　人员一般在 50 人之内，除直系亲属外，逝者生前单位的领导、同事和亲朋好友也一并参与，在内容和程序上，则略显丰富，既有个性化的布置，也有追思形式的表达。

（4）大型厅　既大气隆重又庄严，参与人员一般在 100 人以上，既有严谨的传统仪式，也有丰富的定制化布置，在现代还有声光音效的加入，营造的氛围效果最好，但相对花费高、时间长。

2. 洽谈遗体告别服务

与治丧人进行洽谈，确定遗体告别服务方案。殡仪服务人员主动与治丧人沟通，了解治丧人的需求，与治丧人讨论并共同制订遗体告别服务方案。遗体告别服务项目洽谈表见表 10-3。

表 10-3　遗体告别服务项目洽谈表

姓名		性别		年龄	
去世时间		生前单位		宗教信仰	
去世地点(或医院)					
家庭地址					
单位地址					
家属代表姓名		与逝者的关系		联系电话	
选用厅堂		追思厅堂价格			
抵达时间		出殡时间			

3. 了解场地环境布置需求

（1）示丧布置　示丧是指在场地显眼位置或者是在大门的位置布置丧礼的对象，使人看到外观布置，不用上前询问就能知道该家中有人过世，正在进行治丧。追思会场出入口位置，要把追思对象的姓名、人像或者是一些标志性资料形成告示布景，这样就可以让来宾清晰了解到追思的人物。例如，使用易拉宝等，将逝者的人像以及简介、追思流程等内容摆放在追思会场门口显眼的位置，可以让宾客对此有一个初步的了解。

同时，将拟定稿的讣告文、花圈、纸扎品等摆放在显眼的位置。由于空间的局限性，有时候花圈会出现重叠的情况，基于这种情况，挽联的悬挂位置尤为重要。如果花圈重叠，送花圈的个人姓名或者单位名称务必要让过往人员看清，不能遮挡；挽联分为上、下联，从左往右依次为上联、下联，上联为哀悼的词组，下联为挽送的个人或单位。摆放顺序为直系子女、孙辈、平辈亲属、内侄（侄女）、外甥（外甥女）、单位、好友，具体次序视具体情况操作。

其余示丧布置，则要依据当地民俗来进行，有些地方贴白纸即可，有些地方是要在门口中央悬挂用白布扎起来的花，还有些地方是挂倒头钱或挂起严制、慈制的门头帘，虽然各地风俗有异，但是不离表示丧礼的核心定义，只能多听、多看、多学习。讣告为整个示丧的重点。

（2）灵堂布置　殡仪服务机构在内建有固定现代式的灵堂供客户守灵、祭奠所用，还有配套的一系列守灵服务项目，以满足社会对殡仪服务的需求。

在殡仪馆建设的固定式灵堂就更显现代气息，有长排单间式的，有多间带休息室式的，还有豪华别墅式的。殡仪馆灵堂的布设与家庭灵堂大致相仿，但更加固定化和规范化，都不同程度地加入了现代科技信息，如视频、投影等，还配套设置了一系列守灵服务项目，如灵堂服务员主持的迎灵礼、晨祭、午安祭、寝祭和出殡礼等礼仪，既庄严又肃穆，更彰显了殡仪服务的人性化，深化了殡仪服务的内涵，深受殡仪服务对象的欢迎。

（3）招待区域布置　在主场地之外的地方，需预留出招待远道而来吊唁的宾客的区域。宾客吊唁完之后，通常情况下并不会立即离开，一是宾客会向家属表达慰问之意，二是家属会向宾客表达感谢之情，这时候就需要有一个谈话与交流的空间，并在此区域需事先备好招待宾客的食物与饮品等。

除了在灵堂之外预留招待区域，还需要考虑外地远来的亲朋好友，在吊唁完之后，会有可能留下帮忙处理治丧事项或是协助守灵，其住宿也需家属提前安排妥当，首选住宿地点以距离主会场最近为佳，方便其去治丧处，如果条件允许，则应提前预订好房间，以备不时之需。

4. 准备治丧物品

根据与客户确定的项目单，采购或准备治丧物品。治丧物品一般有以下几类。

（1）殡仪物品　专指在治丧活动用于殡葬仪式中的用品，在不属于殡仪的活动中不会使用，如灵位、告别厅布等。该类物品会因地方风俗影响而有所不同。

（2）消耗物品　消耗品是指保证和维持正常殡仪活动进行而消耗的物品。这类物品通常价格低、替代性强、寿命周期短，多重复购买，如矿泉水、纸杯、挽联纸等。

（3）点缀物品　在营造氛围的原则下，布置场景中可以运用被追思者生前家中喜欢的物品作为点缀，营造睹物思人的场景。如生前年纪较小的逝者，可以选其生前喜欢的布偶、用品等；生前是军人的，也可以使用其穿过的军服、用过的行囊等。

二、布置遗体告别厅

追思会着重于氛围的营造，所以环境选择尤为重要。

1. 有遗体的告别厅布置

（1）确定欲举办的追思告别地点，如家庭住所、殡仪馆告别厅等。

（2）确定告别厅遗体进出动线与可供告别的时间。各地殡仪馆的遗体提取流程各异，应事先确定场地动线、家属动线、来宾动线、礼仪人员进场动线。

（3）布置主背景，如花台、影像、奠字背景，通常为与入口正对面的空间布置遗体台、骨灰桌、周边布置花卉。也可以利用现代化手段，如使用木制画像，可以把人像与木材相结合，传统殡仪与高科技的结合。一般也会使用人形KT板，使用KT板制作人像，可以更形象地展现逝者生前的形象，甚至现今还有加入全息影像的科技手段，都是为了追求更真实地展现先人。

（4）设定氛围音乐，器材摆放、所需音乐选曲。在一场追思告别活动中，每一个环节的配乐都能够勾起殡仪服务对象和来宾的回忆，音乐的选择上必须遵循以下几项原则。

① 音乐的主题调性。在调性上，音乐有激情的、柔和的、缓慢的、快速的等。追思会一般多选用柔和又缓慢的轻音乐，但要切合主题选择。

② 音乐衔接性。在整场活动进行过程中有许多环节，除了环节与环节之间要相扣外，在音乐铺排上也需要有适当的衔接，带动整场活动在情绪上的起承转合，从而达到最佳效果。音乐要结束的时候，声音必须慢慢弱化，而下一首音乐切入则慢慢增强。如果条件允许，可事先将音乐做剪辑；如果请乐队，则可由乐手去掌握。

③ 音乐的人声搭配。每首音乐都分为人声与纯旋律版。一般来说，有人声出现的音乐会放在活动还没开始前的入场阶段与活动结束后的离场阶段，因为在活动中以专业司仪的声音为主轴，如果这时候来宾需要接受太多不同人的声音则会破坏营造的氛围。

（5）布置礼仪服务人员现场服务定位、站点，布置参与人员定位、站位、座位。

（6）布置招待区域，如签到桌、物品桌、饮料桌。

遗体告别厅布置图见图10-1。

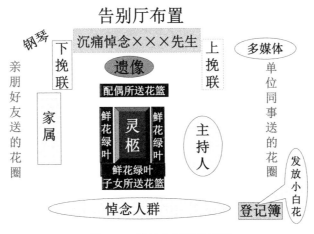

图10-1 遗体告别厅布置图

2. 有无遗体均可采用的告别厅布置

没有遗体的追思会，可以选择在逝者生前喜爱的地点进行。活动中谈论过往回忆，也可以使用一些现代化的追思方法。这种追思通常会是以轻松、怀念的心情来进行策划。

没有遗体的告别环境布置，一般选择将遗像放在正中间位置，在遗像周围布置花山或者装饰品。

有无遗体均可采用的告别厅布置图见图10-2。

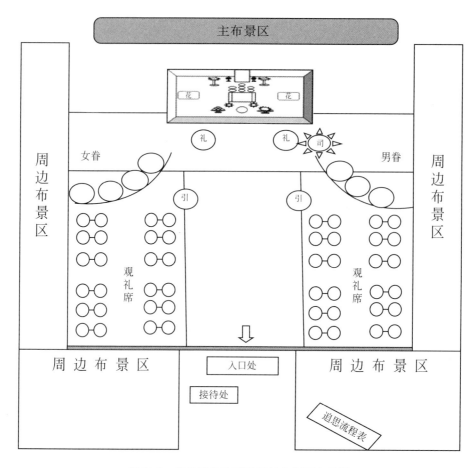

图 10-2 有无遗体均可采用的告别厅布置图

复习思考题

1. 庄某同志因身患先天性疾病，于 2020 年 9 月 18 日离世，年仅 17 岁。其父母想用现代追思的方式在家中送爱子最后一程，他家住在二层楼的别墅，草坪面积约 50 平方米，请你为庄某进行家庭追思设置，并画出布置图。

2. 京剧爱好者张某在 2020 年 9 月 15 日因心肌梗死突然去世，家住 28 层高楼，丧礼无法在家举行。张某生前极其热爱京剧演唱，追捧名家名段，子女也都从事京剧表演事业。现在子女想结合老人生前的喜好，办一场具有京剧元素及京味文化氛围的遗体告别仪式。您将会如何帮助家属协调场地与安排布置这场追思告别活动？写出你的策划方案。

第三节　追思告别活动组织

学习目标

1. 能够充分掌握追思策划的原则与重要性。
2. 根据策划流程设计一场符合客户需求的追思告别活动。
3. 熟练介绍策划追思告别活动所需的资料与分工。

一、组织追思告别活动的注意事项

1. 举行告别仪式的注意事项

在举行告别仪式前,殡仪服务人员应对告别厅的设施、设备和布置情况进行检查,引导参加告别仪式的人员有序就位,按照治丧协议程序和要求举行告别仪式。同时,要提示参加告别仪式的人员关闭通信设备或将通信设备置于静音状态,并保持会场庄严、肃静。

2. 服务要求

遗体告别服务方案的制订应体现科学、合理、人性、文明、安全的原则,在满足治丧人基本需求的前提下,尽可能地满足其个性化需求。

3. 应急保障

遗体告别活动的开展应井然有序、安全文明,并制订遗体告别应急预案,培训并配备相关应急人员。遗体告别场所应留有应急通道,保持其畅通,并设置明显的标志。告别场所应配备应急设备,如消防器材、急救箱、应急照明装置。

4. 服务评价与改进

遗体告别服务机构应建立以客户满意度为核心的遗体告别服务质量评价体系,定期评估服务质量和水平,应针对客户满意度调查结果和投诉情况,及时制订并采取改进措施,还应进行质量管理体系、环境管理体系和职业健康安全管理体系的认证。

二、追思仪式的类型

1. 家奠、家祭

家奠、家祭是指逝者的家庭或是家族亲人为其举行的祭奠仪式。以传统文化而言,参加家奠、家祭的人员包含所有与逝者有关的家族成员,如直系亲、旁系亲、族亲、外家亲、姻亲等。传统仪式论辈不论年龄,如白发人送黑发人的情况,长辈是不可祭拜晚辈的,此乃违背了养老送终的根本。祭奠顺序原则上须按照血缘亲疏远近、由内而外、辈分长幼、远房、旁亲等原则编排。

家奠、家祭的程序较为复杂,又非常讲究血缘亲疏关系和规格。司仪事先要充分与家属进行沟通,确定好行礼的全部人员、行礼次序和行礼规格等方面的事宜。家属认可后,必要时需要在血缘关系文本上签字认可,以免产生错误,使亲属不快,甚至闹出纠纷。

2. 公奠、公祭

公奠、公祭是指除去亲戚关系之外的人员,以单位的名义祭奠,诸如治丧委员会,逝者生前服务的、自发而来的社会团体,或学校、社区、宗亲会人员等。一般而言,公奠、公祭人数的多寡,取决于逝者生前的社会交际网络,主持者应事先理清轻重、主次,而公奠会以单位来参加人员中的职位高者、社会地位高者、资历深者为代表主奠、主祭者,以其他人员为陪奠、陪祭者。

公奠、公祭社会公共部门为逝者举办的哀悼之礼,在公奠、公祭仪式开始时,殡仪服务人员应将参加本次公奠、公祭仪式的各机关、团体、官员、学校、单位等依照事先商议好的"公奠顺序表"逐一唱名行礼,对于参加公奠、公祭的单位名称和个人姓名不可出现错误,应该反复核对。

司仪或接待者对于所有公奠单位、个人均应予以尊重,不可松懈怠慢,以免产生纠纷。是否代读祭文,应该先与公奠单位沟通确定。司仪或接待者是代表家属在与来宾打交道,其失礼即是家属的失礼。

联合公奠、公祭是指因前来的单位数量较多,联合同性质单位集体进行奠祭的形式。单位与单位之间并不存在大小之别,需一一安排奠祭。在由于单位数量众多影响预定的结束时间的情况下,可将参与单位一一分类,以类别邀请联合,同类型的单位每个单位派代表一起奠祭,既不失礼节,又可避免每个单位分别奠祭导致仪式时间过长。

3. 个性追思

个性追思是指现代社会中流行的个性化思维与追思会相结合的形式,运用现代技术手段,结合追思主题,以氛围营造、宣泄感情等为目标进行策划。其手段多样且不受限制,诸如逝者生前所喜爱的音乐、使用的道具、使用的家具、喜爱的文章等,只要能体现逝者给人的印象,都属于个性化思维范畴。

三、编列追思告别流程

在追思告别活动的落实阶段,编列追思告别流程可以说是至关重要的,一是控场司仪需要了解各节点的追思事项、整场仪式的各个环节;二是可以依据时间规划有效调配各节点的时间长度,既可达到充分追思,又不会导致时间过长使人产生厌倦感。

出殡追思时程表是指针对出殡当日活动所制订的时程表,遗体告别流程参见表 10-4,没有遗体的祭奠活动安排时间表见表 10-5。

表 10-4　×××同志遗体告别流程

时间	事件	行程	地点	参加人员	联系人及电话	备注
8:00～9:00	起灵	出发前准备	自宅	家属		
9:00～10:00	到达	办理相关手续	殡仪馆	全体		
10:00～11:30	追思告别	进行追思仪式	殡仪馆	全体		
12:00～13:00	午餐	等待火化领骨	×××饭店	全体		
13:00～14:00	领骨灰	办理相关手续	殡仪馆	家属		
14:00～15:00	安葬	安葬灵骨	××陵园	家属		
15:00～16:00	举行答谢宴	由孝子(女)代表敬酒	×××饭店	全体		
16:00～17:00	返程	处理家中事宜	自宅	家属		

注:具体的规划安排应根据现场具体情况而定。

表 10-5　没有遗体的祭奠活动安排时间表

时间	流程	执行人	备注
前一日晚	追思会场布置	殡仪服务人员 家属代表	花山、遗像、音响、祭祀用品

续表

时间	流程	执行人	备注
7:30～8:00	参与人员进场 家属事前准备	礼仪服务人员	胸花 引导家属及宾客就座
8:00～8:30	家奠(祭)追思(仪式流程见表10-6)		
	宣布开始时间 礼仪服务人员就位	司仪、襄仪	音乐、音响、祭祀用品、卡片
	全体肃立	全体人员	
	哀乐	家属按长幼次序站位	
	辈分祭拜 家属就答礼位	家属代表	
	追思文	家属代表	
	思念寄情	家属代表	
8:30～9:30	公奠(祭)追思(仪式流程见表10-7)		
	生平简介	司仪代读	司仪邀请、襄仪引导
	回忆影片	礼仪服务人员	
	单位致奠(祭)	单位代表	
	朋友致奠(祭)	朋友代表	
	默哀	全体人员	
	哀乐	家属回礼	
	慰问家属(放配乐或奏乐)	全体来宾	如有遗体,进入瞻仰遗容环节
	礼成		
9:30	发引		
12:00	平安餐	全体人员	×××饭店

注：追思仪式前，司仪应与家属沟通，核定来宾人数、参与单位、读追思词家属代表、行礼顺序等事项，掌握解决临场发生的问题的方法，提升专业控场能力，营造追思氛围。

表 10-6　逝者亲属祭拜仪式表

程序	奠拜对象	用品	仪式	答谢
1.直系辈	孝男、孝媳、孝女、孝女婿	1.上香 2.献花 3.献果 4.献馔 5.献爵	三跪九叩	无
2.直系孙辈	孝内孙、孝外孙、孝内曾孙、孝外曾孙	1.上香 2.献花 3.献果	一跪三叩	无
3.旁系辈	族亲、外家亲 (男则族亲先,外家亲后) (女则外家亲先,族亲后)	1.上香 2.献花 3.献果	三鞠躬	1.家属答礼 2.孝眷回礼

续表

程序	奠拜对象	用品	仪式	答谢
4.旁系孙辈	孝侄、孝外甥 （男则孝侄先,孝外甥后） （女则孝外甥先,孝侄后）	1.上香 2.献花 3.献果	一跪三叩	1.家属答礼 2.孝眷回礼
5.姻亲辈	亲家门风	1.上香 2.献花 3.献果	三鞠躬	1.家属答礼 2.孝眷回礼
6.配偶①	根据地方风俗安排奠祭	1.上香 2.献花 3.献果	三鞠躬	无

① 因各地风俗习惯不同而有差异，有的地区由配偶带子女先拜，而有的是配偶最后拜。

表 10-7　不同人群及奠拜对象祭拜仪式表

程序	奠拜对象	用品	仪式	答谢
1.单位致奠 （祭）	×××××××（单位名称） 主奠者：×××（单位职称＋姓名） 陪奠者：×××全体同人代表	1.上香 2.献花 3.献果	三鞠躬	1.家属答礼 2.孝眷回礼
2.联合公奠 （祭）	×××××××（单位名称） ×××××××（单位名称） ×××××××（单位名称） 主奠者：×××（单位职称＋姓名） 陪奠者：×××全体代表一同			
3.朋友致奠 （祭）	全体致奠(祭)友人代表 主奠者：×××（姓名） 陪奠者：全体友人代表一同			

四、准备文书

1. 葬礼主持词

葬礼主持词是指主持人在葬礼中串联仪式的串联词。

例：遗体告别仪式主持词

尊敬的各位领导、各位来宾：

　　遗体告别仪式准备开始，恭请孝眷、家属以及来宾人等就位，请直系亲属于告别厅左侧就位，请其他亲友来宾排成几排于告别厅正前方就位。为了保持会场的庄严与肃穆，请各位来宾暂时将手机调为振动或关机，谢谢！

　　尊敬的各位领导、各位来宾，现在我宣布：吴××同志遗体告别仪式正式开始。

　　请全体肃立，默哀三分钟。默哀毕！

　　请逝者生前单位的领导致悼词。

　　请逝者家属致答谢词。

以正气述天地,将身心献人民。

吴××同志已于70高龄,寿终正寝。在此,我谨代表殡仪馆全体员工向吴××同志的不幸逝世表示沉痛哀悼,并向其家属表示深切的慰问。

浩然正气,清清白白一世;宽容大度,平平静静融川。

为了再次哀悼吴××同志,请全体亲友来宾以三鞠躬礼寄托哀思。

一鞠躬——二鞠躬——三鞠躬。

寿终德望在,身去音容存。

现在请全体亲友来宾绕灵一周,瞻仰遗容,慰问家属。依次向吴××同志的遗体遗容做最后的告别。

漫漫人生路,遥遥总是情。

愿亲人您一路走好!

吴××同志遗体告别仪式圆满礼成。请家属自行祭拜。

2. 生平简介与追悼词

生平简介可帮助参加追思的来宾快速进入追思氛围。生平简介是以家属代表或是司仪代读的方式,对被追思者的人生经历的总结。一是让来宾进入追思情境,二是体现追思的价值意义与基调,常会安排在活动开始的第一阶段。

也有在悼词中讲述生平的。悼词也称追悼词,是对逝者表示哀悼的话语或文章。追悼词有广义和狭义之分。广义的悼词指对逝者表示哀悼、缅怀的一切悼念性语言和文章;狭义的悼词专指在追悼大会或遗体告别仪式上宣读的哀悼文字。

例:遗体告别仪式追悼词

尊敬的各位亲友、各位来宾:

今天,我们怀着万分沉痛的心情,深切悼念吴××同志。

吴××同志因××病医治无效,于××××年××月××日晚×时××分在××医院与世长辞,享年××岁。

吴××同志××××年××月生于××省××县(区),××××年××月参加工作。××××年××月……

吴××同志一生勤勤恳恳,对工作认真负责,任劳任怨。吴××同志谦虚谨慎、平易近人、生活俭朴、家庭和睦。他对子女要求严格,子女个个勤奋好学、踏实上进。

吴××同志的离世,使我们失去了一位好同志。他虽离我们远去,但精神永存,值得我们学习和效仿。我们要化悲痛为力量,努力学习和工作,以慰吴××同志在天之灵。

吴××同志,您安息吧!

××××单位
××××年××月××日

3. 致谢词

致谢词是指在特定的公共礼仪场合表示谢意的讲话。家属致谢词是逝者家属对所有帮忙的亲友、参与的来宾表示感激之情的讲话。因为戴孝者无法登门致谢,故设计家属致谢环节,既可满足客户需求,又能增加氛围的凝聚性。

例:遗体告别仪式致谢词

尊敬的各位领导、各位亲朋好友：

××××年××月××日××分，我的爸爸——××同志走完了无私而又奉献的一生，永远离开了我们。今天，我们怀着万分悲痛的心情，在这里举行告别仪式，寄托我们的哀思。

首先，我代表我的母亲、我的兄弟姐妹，代表我们全家，向你们表示最诚挚的谢意！（鞠一躬）感谢你们在百忙之中来到这里，和我们一起向我的爸爸做最后的告别。感谢大家在爸爸住院期间给我们全家的鼓励和关怀，我们心存感激，谢谢大家。

我们还要感谢××单位，单位领导和员工对我们关怀备至，给了我们全家很大的帮助。

"天道无亲，至诚为邻。"在这里，我还要特别感谢我的叔叔婶婶以及兄弟姐妹、左邻右舍，感谢你们无私的帮助，在此一并表示深深的感谢！（鞠一躬）

"树欲静而风不止，子欲养而亲不待。"爸爸培养我们成人，我们为有这样一位爸爸而感到骄傲，同时为失去这样一位好爸爸而感到万分悲痛。

亲爱的爸爸，您放心地走吧，我们自当化悲痛为力量，当传承良好家风，孝敬长辈，善待子女，以此来回报爸爸的养育之恩，回报社会，回报各位领导、各位尊长和各位亲朋好友。

亲爱的爸爸，您一路走好！

谢谢大家！

孝子（女）××泣上
××××年××月××日

4. 思念寄情

思念寄情是一种通过追思来表达对亲人思念之情的环节，将情感借由寄托的形式展现出来。例如，写感恩卡片、亲自唱一首感恩的歌曲、种下思念种子、插许愿风车等。客户对于追思告别的价值在于运用专业策划充分表达客户的思念，让客户充分参与到追思活动中，让客户成为追思过程中的主角，将客户从对于逝者而言的配角，转变为追思过程中的主角。这需要认真掌握技巧和手段，既不可加入太多仪式，也不可没有仪式变成单纯形式的追思告别。

例：孝子女追思词

公元××××年××月××日

我所最敬爱的父亲，今天我们全体子孙人等满怀绵绵追思与祝福的心情，聚集在父亲堂前，为父亲举行一个典雅、庄重的追思仪式，感念父亲对我们的教育、养育、疼爱之恩情。无论您走多远，我们都会永远将您的家训精神传承下去，培养下一代。父亲，您用一言一行教导我们做人，我们感谢您这辈子对我们的慈爱照顾。愿父亲在天之灵，安宁自在，保佑子孙、晚辈平安富贵。

孝子（女）×××

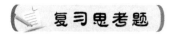

1.王老先生一大早参加一位老战友的追思告别活动，王老先生在儿子的陪同下到达了现场。看到了现场的布置，他不禁回想起年轻时与战友的情谊。王老先生有满腹的感动，想说一段为老战友送行，家属知道王老先生的意思后，随即叫上了殡仪服务人员，请他在流程中加入这一环节。如果你是殡仪服务人员,你会组织王老先生以一种什么样的方式参与到追思告别活动之中?

2.为一位年迈的胡老夫人举行追思告别活动。胡老夫人的伴侣张先生提出想要参加追思告别活动,送她走完人生的最后一程,可此时家中部分长辈提出异议,并就此问题开始了争论。此时,他们的孩子默默地站在那里,不知如何是好,他们明白父亲的心情,如果不让他参加,他会留有遗憾,但听长辈这样说,心中多少有点介意……

如果你是殡仪服务人员,你会如何引导客户组织追思告别活动?

PPT课件

第十一章 投诉及纠纷的处理

课程思政资源

第一节 投诉处理

> **学习目标**
> 1. 熟练掌握投诉的类型。
> 2. 能够根据投诉类型分别按流程处理各种投诉。
> 3. 熟练处理各类投诉并做好总结和分析。

一、正确认识投诉

投诉是被服务对象对服务者所提供的服务不满而采取的一种表达方式。投诉有两面性,投诉会使被投诉者感到不愉快甚至受惩,同时,投诉也可以让服务者认识到自己工作的不足,帮助其及时发现各环节出现的问题。处理客户投诉及纠纷是殡仪服务人员必备的基本技能,投诉和纠纷处理不当,不仅会影响单位服务质量,更可能会对治丧者造成二次伤害,因此应当重视投诉和纠纷的处理。

1. 投诉的分类

(1) 按投诉方式分　按投诉方式分为电话投诉,来访投诉,信函投诉,网上投诉,各监督部门、新闻媒体、行业管理部门转办投诉,媒体曝光等。

(2) 按投诉的严重程度分　按投诉的严重程度分为一般投诉和重大投诉。一般投诉指普通客户反映的,并在第一时间能处理或在规定时限内能自行处理的投诉。

重大投诉指涉及遗体、骨灰损害或遗失的投诉,是3人以上的群诉案件,社会新闻媒体等媒体介入案件、监督部门等上级部门转办或协办的投诉为重大投诉;上访到各级政府及其职能部门的案件;在案件处理过程中,发生威胁客户及工作人员人身安全的案件;可能会产生严重社会影响的投诉;可能会引发法律诉讼或被媒体曝光的投诉,一个月内累计3次以上不同投诉人的相同投诉或3人以上的集体投诉,投诉一周以后出于各种原因仍未解决的投诉。对于重大投诉,在做好登记的同时,还须在短时间内(一般为30分钟到1小时)上报分管领导知晓。

(3) 按投诉的性质分　按投诉的性质分为有效投诉与沟通性投诉(抱怨)。有效投诉是投诉有直接指向的问题、事件和责任人,需要得到明确的答复,主要是指对收费、硬件设施(如停车场、告别厅)、殡仪服务方面(如接运、整容、火化、骨灰寄存)等的投诉。

沟通性投诉不是为了追究责任,主要是为了咨询和沟通。沟通性投诉分为以下类型:投诉者有困难或问题需帮助的求助型;投诉者有质疑或建议要沟通的咨询型;投诉者受委屈或误会等造成的内心不满、心理不平衡的发泄型。例如，有治丧者要求一定要选择当天第一炉火化，但当天的火化时间都提前预定完毕，不能满足治丧者的要求，治丧者便进行了投诉。

对于沟通性投诉，若处理不当，会变成有效投诉，所以殡仪服务人员必须认真处理沟通性投诉。

（4）按投诉的内容分　按投诉的内容可分为对设施设备的投诉，服务态度、服务质量投诉，价格投诉，诚信投诉，异常事件投诉。

对设施设备的投诉主要包括对服务厅、告别厅、接待厅、厕所、停车场等的投诉。即使有对各种设备的检查、维修、保养制度，也只能减少此类问题的发生，而不能保证消除所有设备潜在的问题。殡仪服务人员在受理客户有关设施设备的投诉时，最好的方法是立即去实地观察，然后根据情况采取措施。殡仪服务人员应在事后再次与客户电话联系，以确认客户的要求已得到了满足。

对服务态度的投诉，如语言粗鲁，答复不负责任或行为、态度冷冰冰，接待时若无其事、爱理不理、热情过分等。

对服务质量的投诉，如服务速度、服务效率和准确度方面无法让人满意。大多数服务人员不是有意对客户无礼，有些服务人员甚至是好心办坏事，他们往往事先未曾预料到自己的服务方式会使客户不满。减少客户对服务态度与服务质量投诉的最好方法，是加强对服务人员的培训。

对价格的投诉，如不执行政府指导价、政府定价的行为；对寿衣、骨灰盒没有明码标价，乱设项目、乱收费等。

对诚信的投诉，如预订服务无故不执行的，引导服务中无故换人的，不按服务合同完成服务项目的，以及临时更换服务人员或服务项目、服务商品，不告知治丧者的。

对异常事件的投诉，停水停电、遗体腐败等方面的问题服务人员应尽量在力所能及的范围内予以解决。如实在无能为力，应尽早告诉客户，只要服务人员的态度通情达理，大部分客户是能谅解的。

（5）按投诉的目的分　按投诉的目的分为建议性投诉、批评性投诉、控告性投诉。

建议性投诉是将自己对办理丧事的想法和建议告知殡葬单位，希望殡葬单位改进服务的，一般比较善意。

批评性投诉是投诉人心怀不满，但事情已经这样，感觉没办法，只是把这种不满告诉对方，不一定要殡葬单位做出什么承诺。

控告性投诉是指投诉人非常不满，情绪激动，要求殡葬单位解决问题、给个说法。

2. 投诉者的心态

投诉是有一个过程的，一般来讲，投诉者对服务不满意，内心存在抱怨，这种抱怨是潜在的，一部分人将不满留在心里，另一部分人将不满发泄出来，成为显在的抱怨。投诉的发展过程如下：不满意—在心里抱怨—显在化抱怨—说说就算—投诉。

一般投诉者的心理包括求助、发泄、尊重、补救、认同、表现、报复等。殡仪服务对象投诉主要有以下三种心态。

（1）求帮助心理　殡仪消费是每个家庭都会遇到的，又是每个家庭不知道什么时候会遇到的，所以在消费前几乎没有任何计划，也没有经验可以借鉴，所以在遇到不会处理的事情时，很多人在向殡仪服务单位提意见和建议时，是想解决问题，请殡仪服务人员提供帮助。

这与其他服务业是不同的，认识到这一点，殡仪服务人员在对待投诉时就要有耐心，认真对待投诉，热心帮助治丧者。

（2）求发泄心理　在面临死亡时，很多人悲伤、压抑、无助，特别是现代社会的生活节奏加快，亲人之间的距离较远，当亲人死亡安葬时，往往也是匆匆忙忙，痛苦的情绪积压在心中，没有出口。遇到殡仪服务稍有不如意时，其便会把自己对亲人的愧疚、单位表假时间短、生活的不满等不如意的事情都发泄出来，不吐不快。这时殡仪服务人员要理解家属的悲伤及发泄心理，让家属将心中的郁闷、悲伤情绪发泄出来，不要和家属争论，认真做好服务，以慰藉家属。

（3）求补偿心理　有些治丧者有从众心理，或者为了面子，在选择服务项目时，没有考虑预算，选择的项目较多或者价位较高，在结算时感到消费太高，超过了自己的预期，希望减免费用或者通过投诉减少消费。其真正目的在于求补偿，这时要看服务对象符不符合减免条件，能不能退掉一些项目，以减少消费。

3. 处理顾客投诉的原则

对于投诉的处理，要站在客户的角度，尽最大可能解决客户面临的实际问题。处理投诉的原则主要有以下几点：首问负责制、及时及早原则、有章可循和责任明晰原则。

（1）首问负责制　首问责任制是一项重要的服务原则，员工在接手客户投诉时即为首问责任人。谁受理谁完结，首问责任制要求不论其职责与投诉的事项是否有关，都负有解决客户提出的各类问题的责任，不得推诿、拒绝、搪塞客户的投诉或拖延处理。员工在接到与自己服务范围不相关的投诉时，要及时向有关部门反映，请其协助解决，按处理时限要求，解决好客户反映的问题，并记录整个过程，以备总结。

（2）及时及早原则　相关部门应积极合作，迅速做出反应，第一时间处理，及时及早处理，力争在最短的时间内全面解决，及时将处理结果反馈给客户，不能及时处理的，也应将进展记录在案，并适时通知客户。

处置投诉时，切记不要怕事、不要隐瞒情况、不要推卸责任、不要延误时间，因为延误或推卸责任会进一步惹恼投诉者，激发更严重的矛盾。各部门应协同合作，迅速找到问题产生的原因及处理方案，向客户表明立场，并力争在最短的时间内完全解决问题，给客户一个满意的结果。

（3）有章可循和责任明晰原则　单位要有专门的制度和人员来管理客户投诉问题，使各类投诉处置有章可循，按规定流程统一、规范地进行处理，保证投诉信息的准确、及时、有效，并保证投诉渠道畅通，使投诉者感到体恤和尊重。对于投诉，一般采用逐级处理、逐级上报原则，单位内部要明确责任，对于重大投诉，更要明确责任，必要时建立专班，启动应急处理方案，尽快与各级部门沟通，请其协助解决。

4. 处理顾客投诉的流程

规范化服务要求专业投诉的处理也要有章可循，依章行事。对于投诉的处理，一般按照以下流程进行。

（1）接待　接待是做好投诉处理的第一关，迅速受理，绝不拖延。

（2）聆听并记录　聆听并了解用户的需求，把客户投诉的要点记录下来，包括客户投诉的内容、问题及投诉时间等，记录的资料可以作为解决问题的根据。

（3）处理　了解情况后，属于自己权限范围内的问题，能当面处理的，应立即处理，涉及面广的，要及时反馈给有关部门，并告诉客户会怎样处理、如何改进等，以示对这件事的重视。

（4）回访　回访是弥补失误的重要环节，回访能准确了解投诉处理情况、客户需求，便于为客户提供更多、更优质的服务；通过回访还可以发现自身不足，并及时改进，提高客户满意度。

（5）总结　对每一起客户投诉及其处置，都要做出详尽的备案，包括投诉内容、处置过程、处置结果、客户满意程度等。通过记录，吸取教训，总结经验，为以后处置好客户投诉提供参考。处理投诉流程如图 11-1。

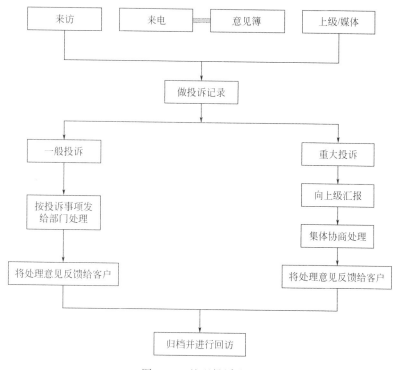

图 11-1　处理投诉流程

二、接待投诉、聆听并记录

1. 接待投诉

在接到投诉后，殡仪服务人员应执行以下操作。

首先向客户道歉，保持冷静、理智，要设法消除客户的怨气，比如，请客户坐下来慢慢谈，同时为客户倒上一杯水等。然后，进行自我介绍，如姓名、职务，确认客户身份、姓名和联络办法。

聚精会神地聆听客户的投诉，先让客户把话说完，切勿胡乱解释或随便打断客户的讲述。客户在讲话时，要表现出足够的耐心，绝对不能随宾客的情绪波动而波动，不得失态，即使遇到一些故意挑剔、无理取闹者，也不应大声争辩或仗"理"欺人，而是要耐心倾听，以柔克刚，使事态不至于扩大或影响其他客户。客户在投诉时吵闹或喧哗，应将其与其他客户分开，或到办公室，或到房间与其沟通，以免影响其他客户。

讲话时要注意语音、语调和音量的大小。确认客户投诉的具体事项，重复确认，并记录。

2. 判定是否为有效投诉

① 判断投诉的内容是否属于殡仪服务范围。

② 虚假投诉的判定。

当投诉人的投诉内容中存在虚假、故意隐瞒或捏造事实的情况下，判定投诉是否成立的规则如下：只有当投诉内容完全虚假时，才能判定为投诉不成立。

如果投诉人在投诉中存在一部分虚假、隐瞒、捏造事实的现象，同时也有正常的投诉内容，那么仍应对正常的投诉内容进行处理，并根据其正常的投诉内容判定投诉是否成立。

③ 没有证据的投诉。

如果投诉人既没有法律上认可的证据，也没有提供任何可协助本公司调查的说明和依据，可判定该投诉不成立。

如果客户能提供有助于调查的具体情况描述，就应进一步调查，不能因无证据直接将其判定为投诉不成立。

当投诉内容包含多个问题时，判定投诉是否成立的规则如下：如果投诉内容中包含多个问题，只要其中有一个问题成立，即判定该投诉成立。

3. 填写客户投诉记录表

投诉处理人员应填写客户投诉记录表，以备后续分析和处理。客户投诉记录表见表 11-1。

表 11-1　客户投诉记录表

客户		投诉号		收到日期		
客户联系方式						
投诉处理人员						
投诉具体内容						
投诉处理过程				记录人：		时间：
投诉处理过程				记录人：		时间：
备注						

三、处理投诉

1. 一般投诉的处理

一般投诉指普通客户反映的，并在第一时间内能处理或在规定时限内能自行处理的投诉。一般投诉问题不大、影响不大，处理起来比较容易，能在短时间内解决客户的不满。如果处理不好，可能会形成重大投诉，因此需要认真对待。对于一般投诉，按以下流程处理。

（1）确认问题　认真、仔细地听投诉者说话，边听边记录，在对方陈述过程中判断投诉的问题，记录关键点。对于不清楚的问题，要用委婉的语气进行详细询问，如"请您再详细讲一次"或者"请您等一下，我有些不清楚……"，尽量了解客户的投诉或抱怨产生的全过程。

把自己所了解的问题向客户复述一次，如"您说的是不是这些问题？""您看还有没有我没有说清楚的？"让客户予以确认，这样力争把客户投诉的所有问题记录下来，才能更好地解决投诉。

了解完问题之后，征求客户的意见，如"您觉得这个问题如何处理好？""您认为如何处理才合适？""你们有什么具体要求？"等。

（2）分析和解决一般投诉　一般投诉的处理方法包括当即处理、期限内处理、循环往复处理等。

对于一般投诉，如果接到投诉的人员在自己的职权范围内能解决的，立即在第一时间处理。例如，对于关于服务态度和沟通性投诉，接到投诉的人员应在第一时间道歉，安抚投诉者的情绪，这些问题就能得到解决。对于有效投诉，自己能解决的就立即解决。

需要其他部门配合处理的有效投诉，要在期限内处理。需要其他部门配合的，联系其他部门解决，解决不了的，向领导逐层汇报，请领导解决，并将自己的处理结果向投诉者说明，说明已经处理到哪一个阶段，后续处理可能需要的步骤及时间。在自己没有把握处理成功的情况下，现场不要下结论，不要下判断，也不要轻易承诺，向投诉者表示歉意和谢意后，及时向领导汇报，并填写"投诉处理单"，以书面形式记录下问题，留待各部门共同分析和解决。

2. 重大投诉的处理

对于重大投诉，需立即逐层上报，由上级部门根据情况进行处理；在 12 小时内无法提出处理意见的，要及时上报上级领导，直至最高领导层。

3. 投诉处理办法参考案例

投诉一般分为服务态度类投诉以及工作失误类投诉，服务态度类投诉及处理办法见表 11-2，工作失误类投诉及处理办法见表 11-3。

表 11-2　服务态度类投诉及处理办法

序号	案例类型	处理办法
1	语言和态度不好，引起客户投诉	向客户赔礼道歉；向客户保证此类问题不会再发生
2	服务语言不到位引起客户投诉	
3	待客没有礼貌，对宾客态度生冷、漠然，引起客户投诉	向客户赔礼道歉；对责任人进行教育
4	不轻抬、轻放遗体，造成家属不满	向客户赔礼道歉；向客户保证此类问题不会再发生
5	对交办的事未及时办理，又未向客户解释清楚，引起不满的	
6	处理投诉时解答问题不耐心，没能满足客户的合理要求，使客户再投诉	
7	介绍服务流程不清楚，服务项目、时间以及价格不清，使客户投诉或拒结账	
8	火化时，家属等待时间长不耐烦，不耐心解释，而是简单粗暴处理，引起家属不满	

表 11-3 工作失误类投诉及处理办法

序号	案例类型	处理办法
1	填写接运遗体地点和时间时出错,造成家属等待、遗体接运时间延长的	赔礼道歉
2	接运遗体时,没有核对逝者身上有无贵重遗物,造成双方产生矛盾	赔礼道歉;查明事实,及时处理
3	为遗体更衣时,没有询问家属衣物如何处理,随意处置衣物,造成家属不满	对责任人进行处理
4	销售殡葬用品时对其用途介绍不清,造成理解错误、使用不当的,确实给客户造成损失或难以解决	赔礼道歉
5	清洗遗体时,未仔细核对,造成清洗错误的	赔礼道歉;立即改正;对责任人进行处理和教育,并将处理结果及时反馈给投诉者
6	更衣时未仔细核对,造成更衣错误的	
7	预订礼厅、火化时间时不注意,发生漏写,造成适用礼厅重复	
8	电子横幅、挽联文字打印出错的	
9	发骨灰时,叫错名字的	

四、回访

回访时需要了解的问题如下：一是询问客户对服务人员的服务态度、专业知识和技能、公司服务管理的满意度，对整体服务进行满意度调查；二是了解客户对问题处理的满意度；三是了解客户是否还有其他的服务需求或者投诉和建议。回访可以采用电话、短信、微信、问卷的形式，特别需要时可以上门进行现场回访。回访时间一般安排在周一至周五上班时间，节假日不进行回访。

无须回访的情况如下：一是现场能即时处理并得使客户满意的投诉；二是匿名投诉、无法确定联络方式的网络投诉；三是不便回访的敏感投诉等。

1. 准备回访

（1）制订回访计划　根据客户资料制订"客户回访计划"，包括客户回访目的、回访方式、回访时间、回访内容等。

根据"客户回访计划"准备相关资料，包括被回访人姓名、职务、地址、联系方式、特殊需求等基本情况以及回访需要填写的记录单等。

（2）确定回访的主要内容　在与客户沟通之前，回访工作人员一起确定回访内容，制订目录，按目录内容进行回访，以免遗漏，从而提高回访效率。

（3）预约回访时间和地点　回访人员事先同被回访人联系，与被回访人预约回访的时间和地点，充分考虑客户的时间安排，以客户的时间为主。

（4）准备回访资料　回访人员准备"客户回访计划""客户回访记录表"以及其他相关文件。

2. 实施回访

（1）电话回访　电话回访时询问投诉人处理意见以及有无其他要求，将回访结果填入"客户回访记录表"中的相应栏目，在客户档案里存档，不能通过电话回访解决的问题必要时进行现场回访。

（2）上门回访　提前预约，回访工作人员必须准时到达回访地点。在回访过程中，要认真处理客户的投诉、不满、疑惑等，应诚实、可信，对客户负责。

（3）记录回访信息　回访工作人员要热情、全面地了解客户的需求及其对服务的意见，并认真填写"客户回访记录表"。回访工作人员必须要"日清日结"，对所回访的客户基本信息、需求、使用要求以及服务评价都要有书面记录，对于回访客户所提出的问题、建议，都要有原始记录。

3. 回访后处理

① 整理回访记录和处理。

② 编制回访报告。在结束回访的第二天，应根据"客户回访记录表"记录的回访过程和结果，对客户的回访过程和回访结果进行汇总和评价，形成客户回访报告。回访结束后，回访人员应在三天内将回访的相关资料提交部门主管审核，如果出于客观原因确实无法提交的，应报部门主管同意后一周内提交，部门主管领导审阅。

③ 资料保存和使用。对"客户回访计划""客户回访记录表""客户回访报告"进行汇总，按照客户分类后建立客户档案，以备参考，客户回访记录表见表11-4。

表 11-4　客户回访记录表

客户名称		地址			
被访人		电话		传真	
职务		E-mail		类别	□治丧人员　□管理人员 □其他人员
回访方式	□电话回访　□调查问卷　□现场回访　□其他				
回访时间	年　月　日		投诉时间	年　月　日	
回访内容	□1. 投诉处理情况　　□2. 对其他问题的建议 □3. 其他需求				
客户回访 内容记录					
处理方式 及结果	电话或现场答复记录：				
遗留问题 处理跟踪	遗留问题： 提交日期：　　　　　受理部门： 解决结果跟踪：				
客户意见	（现场回访需填写） 客户确认（盖章）：　　　　　日期：				
回访记录人员		填写日期		主管领导审批	日期

五、总结与分析

投诉处理完以后，应对投诉及其处理进行反思、总结与综合评价，提出改善对策，提高服务质量和水平，提高客户的满意度，降低投诉率。

对于各类投诉，要分析其是偶然的还是必然的，是个别事件还是普遍事件，采取哪些措施，制订或完善哪些规章制度，防止再次被投诉。对于重大投诉，应进行专案分析，对投诉渠道、原因、处理流程、沟通渠道、处理结果等进行分析，提高重大事件处理的效率及水平。

1. 汇总投诉信息

服务单位按照固定时间，一般每月、每年汇总客户投诉，包括客户投诉产生的原因或性质、投诉总件数、具体内容、采取的纠正措施及经验和教训总结、投诉处理结果（是否关闭）等要素，进行统计、分析，并将结果汇总。

汇总注意事项：对于同一客户提出的不同内容的投诉，应在对应的投诉类型中分别统计投诉件数；对于同一投诉内容多次由多人提出时，按一件投诉统计，但应在投诉内容中具体说明投诉人数、次数及影响程度。服务投诉汇总表见表11-5。

表11-5 服务投诉汇总表

××××年（×月）服务投诉汇总表				
序号	投诉人（电话）	投诉类型	投诉内容	责任人
1		上门投诉		
2		电话投诉		
3		函件投诉		
4		约谈投诉		
5				
6				
7				
合计				

2. 分析投诉

分析投诉时，应采取两种方式：总体分析与个案分析。

（1）总体分析　投诉总体分析是指投诉总数、各月份投诉量、各种问题投诉量、投诉类型总量及其发展趋势分析。对于投诉量较多的月份以及投诉较多的服务项目，要开展分析和检查，找出工作不足之处，并采取措施，避免类似投诉再次发生。

（2）个案分析　对于有代表性和影响大的投诉，要分析投诉原因、投诉渠道、投诉要点及突出反映的问题、处理过程、结果、回访等，对于重大投诉，还要写出报告，总结经验、教训，并对采取的相关措施进行分析等。

3. 整理归档各类投诉资料

每月或每季度服务单位都要对投诉档案进行整理、归档。投诉处理过程中形成的所有记录，均应归档。对于重大投诉或投诉比较多的有代表性的投诉，整理好后要向领导和相关部门汇报，使档案发挥作用。客户投诉处理表见表 11-6，客户投诉分析表见表 11-7。

表 11-6 客户投诉处理表

受理编号		受理日期	
投诉客户姓名		投诉类型	□商品 □服务 □其他
客户地址		电话	
投诉理由			
客户要求	记录人： 日期：		
处理意见	负责人： 日期：		
客户意见	客户： 日期：		
备注			

制表人：　　　　　　　　　　　　　　　　　　　　　审核人：

表 11-7 客户投诉分析表

客户名称		受理日期	
投诉种类		承诺期限	
投诉原因			
客户要求			
在处理中可能遇到的困难			
应对策略			
客户期望是否达成			
采取的主要措施			
部门建议			
备注			

制表人：　　　　　　　　　　　　　　　　　　　　　审核人：

复习思考题

1. 一天早上 6 点，客户张某某就来排队为已故的奶奶火化，希望用平板炉第一炉火化。张某某到时，2 台平板炉前共有 4 人排队，4 台捡灰炉前共有 3 人排队，张某某没能排到第一炉，非常不满意，向客服人员投诉说自己已经提前 2 小时来了，还没有排到第一，要求必须给自己排第一。请你按所给材料，解决张某某的投诉。

2. 分析以下情景，提出处理意见，并撰写分析报告。张三的儿子取张三的骨灰时，骨灰盒却不见了。与殡仪馆交涉后，殡仪馆又找到了骨灰盒，可无法确认这个没名字、没照片的骨灰盒是不是张三的，家属提出疑问并投诉，请你处理。

第二节 殡葬纠纷处理

> **学习目标**
> 1. 认识殡仪投诉及纠纷的特点。
> 2. 能够区分殡仪投诉及纠纷。
> 3. 熟练掌握处理纠纷与事故的一般原则。

一、遗体所有权及限制

1. 遗体所有权归属及处分权

自然人生前可以通过遗嘱处分自己的遗体或财产，如遗体捐献等，遗体的处分权归其近亲属。遗体所有权归近亲属，近亲属按照《中华人民共和国民法典》的规定执行，第一顺序继承人为配偶、子女和父母，第二顺序继承人为其他近亲属，如兄弟姐妹、祖父母、外祖父母。没有近亲属的，由民政部门及其所在单位负责。

第一顺序继承人有权处置遗体，第一顺序继承人不在，或者存在行使保护权利的障碍，由第二顺序继承人处分、保护遗体。

由于在同一顺序上的近亲属人数不同，遗体的所有权存在单一所有权和共有所有权两种形式。单一所有权就是近亲属是一个人享有遗体的所有权。共有所有权是在同一顺序上有两个以上近亲属，这些亲属共同共有遗体、共同处分，存在未满18周岁的人时，由其监护人行使权利。

2. 共同共有遗体所有权争议的解决

遗体所有权分为单独所有权和共同共有。当遗体所有权为单独所有权时，一个人依照自己的意志行使权利、履行义务，一般不会发生争议。

当数个近亲属享有遗体的共有权时，可能会发生争执。例如，配偶、子女及父母不在同一区域居住的，对火化及骨灰安葬地点可能存在争议，遗体究竟由谁占有、谁火化、谁安葬都会发生争议。一般认为，对于共同共有遗体所有权争议，处理时可以遵守以下规则。

（1）尊重逝者生前意愿　逝者生前以遗嘱或其他形式处置自己的遗体的，本着尊重逝者的原则，按照其意愿办理，特别是逝者生前要求捐献遗体或器官的，尽可能达成意愿。

（2）平等协商一致　最好先进行协商，依据协商一致意见办理。另外，还可以采用请其他亲属调解等方式，达到意见一致，这样家人和睦，才能使逝者早日入土为安。

（3）少数服从多数　如果协商不能达成一致意见，应当按照多数人的意见处置遗体，对少数持不同意见的人进行解释和劝说。

（4）最近亲属决定　如果不能协商一致，多数人的意见不统一，应当由与逝者关系最近的亲属做决定。第一顺序继承人配偶、子女和父母的排列是法律的排列。注意前夫或前妻在法律上与逝者已经不是配偶关系，无权决定，但婚生或非婚生子女都有权决定。当子女有数人时，按长幼顺序排序，由长子或者长女决定。在没有第一顺序继承人的情况下，第二顺序继承人才有权决定。第一顺序继承人哪怕是一个不满一岁的小孩，都有权利做决定，由其监护人行使权利。

（5）法院判决　我国注重孝道，家族观念强烈，一般都会协商一致或者少数服从多数，有纠纷的，有些逝者生前会做安排。实在无法决策的，才会对簿公堂，提起诉讼，请求法院审判，这时候就要由法官决定，由法院判决。对法院判决不服的，可以上诉，一旦判决生效，就必须遵守。

二、殡葬纠纷

殡葬纠纷指当事人因对殡仪服务中人身和财产的权利与义务关系等问题有分歧而引发的纠纷。在殡仪服务中，由于工作人员工作失误导致治丧者对殡仪服务或结果不满，或者因对遗体、骨灰以及治丧者的损害，引发治丧者不满而产生的纠纷，均属于殡葬纠纷。

1. 殡葬纠纷的类别

按其危害程度，殡葬纠纷分为两类：业务差错纠纷和业务事故纠纷。殡葬业务差错纠纷指殡仪服务机构及其工作人员由于过失，在服务的过程中发生错误，影响殡仪活动的正常进行，给治丧者带来一定的损失，从而引发的纠纷。差错如能及时被发现、及时被纠正，不会造成不良影响，如不能及时纠正，可能会发展为事故。

殡葬业务事故指殡仪服务机构及其工作人员由于故意和过失，给治丧者带来较大的损失。业务差错与业务事故既有区别也有联系，业务差错对治丧者造成的损失较小，有些没有损失，业务事故对治丧者造成的损失较大。如果放任差错不管，会成为事故；及时纠正，不一定会发展成事故。

2. 殡葬业务事故分级

依据业务事故造成的不良影响，上海市民政局对殡葬业务事故的分级做了规定，可以作为殡仪事故处置的一个参照标准。根据《上海市殡仪馆、火葬场业务事故赔偿规定》，殡葬业务事故分以下三级：一级殡葬业务事故，即未经丧事承办人同意提前将遗体火化。二级殡葬业务事故，即遗体在殡葬单位内发生肢体和器官严重损坏；因殡葬单位保管不当发生遗体高度腐败。三级殡葬业务事故，即骨灰失窃；骨灰发放错误；接运遗体发生错误；错认遗体造成更衣错误；礼厅班次重复出租；遗体损坏。

3. 构成殡葬业务事故的条件

从法律意义上说，构成殡葬业务事故，必须具备以下四个条件。

（1）主体合法　民事主体是具有行为能力和责任能力的自然人和法人。自然人的年龄一般要在18岁以上，法人必须合法登记。殡仪服务业务事故的行为人一般是殡仪服务机构及其工作人员，服务机构及其工作人员在服务的过程中造成的损害，才构成殡葬业务事故。

（2）行为人故意和过失　殡仪服务机构及其工作人员明知自己的行为会给治丧者造成损害，希望或者放任这种结果发生的，是故意。应当预见自己的行为可能会发生危害社会的结果，因为疏忽大意而没有预见，或者已经预见而轻信能够避免，以致发生这种结果的，是过失。业务事故一般是在殡仪服务提供过程中由过失引起的。

（3）损害事实　行为人的行为必须对治丧者造成损害，有损害事实，这种损害包括人身、财产或精神损害。

（4）行为与损害之间有因果关系　因果关系是确认行为人责任的重要因素，责任自负，不能为他人的行为负责,所以损害必须是由行为人的行为引起的,治丧者之间的纠纷由治丧者自己解决。

4. 不属于殡葬业务事故的情况

并非所有损害都属于事故,以下几种情况不属于殡葬业务事故。

① 在现有技术条件下,发生无法预料或不能防范的后果。例如,一些遗体在冰棺保存时间久,局部有风干或脱水现象,或者皮肤变黑。在冰棺长期冷藏或冷冻保存,脱水现象都难以避免。

② 意外事件。例如,忽然停电造成遗体火化中断,或者由于遗体异常或特殊性而发生遗体严重腐败的;或者道路突发大型交通事故导致接运不及时的。这些情况一般不会发生,但是一旦发生,可能会对治丧者造成损害,但这种损害和服务者的行为没有直接因果关系,不能算事故。

③ 因治丧者自身造成的不良后果。例如,治丧者填错信息导致联系不上或者发生错误的,以及治丧者意见不统一,导致服务无法开展,造成遗体腐败的,等等。

④ 因不可抗力造成的不良后果。不可抗力一般指人们不能预见、不可避免、不能克服的自然、社会现象,主要包括以下几种情形:a. 自然灾害,如台风、地震、洪水、冰雹、风灾、大雪等;b. 社会异常事件,如战争、动乱、政府干预、罢工、交通管制等。

三、殡仪服务中常见的问题及其防范

殡仪服务中常见的问题有以下几个方面。

1. 遗体接运过程中常见的问题及防范

(1) 遗体处置权归属　遗体作为近亲属的精神利益的载体,是否处理、如何处理的权利首先归属于近亲属。在特殊情况下,村委会、居委会、相关国家机关也有权对遗体进行处理。

(2) 遗体接运工应与近亲属或丧事代办人签订的文件　一般来说,需要签订"交接单证"或"交接表",需要近亲属与遗体接运工共同签署,并注明签字人的身份、与逝者的关系、逝者基本信息和死亡时间等。

2. 遗体存放过程中常见的问题及防范

(1) 遗体存放合同一般包括哪些条款?　遗体存放合同应包括客户信息、客户与逝者的关系、冷藏地点和遗体状况的说明。

(2) 殡仪馆存放腐败遗体应注意哪些问题?　首先,注意应尽可能在遗体存放合同中对遗体状况进行准确说明和描述。其次,可以对遗体的情况进行拍照,拍照时尽可能把能够表现腐败状态的细节在照片上显示出来。最后,近亲属在合同中除了签字之外,还需加上"上述记录属实"这样的句子。

(3) 近亲属查看、领取遗体,殡仪馆应注意哪些?　核实领取遗体者的身份,确认其为逝者的近亲属,并要求领取人在殡仪馆的遗体领取记录表上签字确认。

3. 遗体告别过程中常见的问题及防范

(1) 殡仪馆如何防范因设施设备故障引发的纠纷?　设施设备出现故障无法及时修复,可能需要更换告别厅,这种情况可能会影响近亲属的情绪,从而引发纠纷。鉴于此种情况无

法完全避免，故应在殡仪服务合同中设置免责条款，其内容应为"因设施设备故障导致告别厅无法使用且难以及时修复的，殡仪馆有权根据实际情况为近亲属更换告别厅"。只要上述情况非殡仪馆故意引起，殡仪馆即不承担责任。

（2）告别仪式可能涉及哪些文字性内容？客户对这些内容的确认有何意义？遗体告别仪式中需要殡仪馆起草、制作的文字资料有挽联、挽幛、条幅、生平简介、告别仪式主持词。文字内容确定后，让近亲属对其进行确认或修改，这些资料全部需要展示在公共场所，一旦出现错误，如果来不及更换，就会产生不良影响，纠纷也会随即酿成。

（3）遗体告别阶段，殡仪馆应注意哪些安全问题？需要注意的第一个问题就是人身安全问题。例如，地面湿滑、台阶不明显导致的摔伤、设备掉落导致的砸伤等，都会引发家属与殡仪馆之间的纠纷。殡仪馆避免出现此类情况的方式如下：一是加强安全检查，将设备跌落等安全隐患消灭在萌芽之中；二是制订安全防范规程，如守灵间在使用前的一定时间，必须擦洗完毕，避免使用时出现地面湿滑的情况；三是在台阶、玻璃门等不易辨认的位置摆放警示标志，且警示标志务必醒目。

4. 遗体火化和骨灰存放过程中的法律问题及可能引发的纠纷

（1）殡仪馆如何防止错烧遗体引发法律责任？在办理火化手续时，殡仪馆应要求近亲属与殡仪馆工作人员一起对遗体进行确认，并请求近亲属在遗体火化声明上注明已对遗体确认无误，然后再进行火化。

（2）关于骨灰和火化证明的交接，殡仪馆需要注意哪些问题？骨灰和火化证明应交给近亲属。近亲属不一定亲自办理遗体火化事宜，所以也可将火化证明交给其他丧事承办人。

近亲属或其他丧事承办人领取骨灰和火化证明后，须向殡仪馆出具领取证明。领取证明宜采用格式文本预先制作好，由领取人注明领取时间，并签字确认。

（3）骨灰存放业务还有可能引发殡仪馆与家属之间的何种纠纷？

第一种：骨灰丢失的民事责任纠纷，家属可能依侵权法向殡仪馆提出精神损害的索赔请求。近亲属将骨灰寄存在殡仪馆，两者之间形成的是保管合同关系，殡仪馆的义务就是安全、妥善地保存骨灰，所以一旦骨灰在殡仪馆被盗，即可以认定殡仪馆违约。为了避免此类事件的发生，殡仪馆应当在骨灰存放场所安装监控设备和防盗器材，安排保卫人员，并制订完整且严格的保卫制度，定期巡查，发现骨灰被盗后应及时报警。

第二种：随骨灰存放的贵重物品丢失或损坏。有的家属为了表达对逝去亲人的追思，会把逝者生前所用的或喜欢的物品与骨灰一起存放。如果存放期间丢失，殡仪馆就可能要承担责任。从防范角度看，殡仪馆拒绝随骨灰存放物品是明智的选择。如果非存放不可，殡仪馆可在骨灰接收单上列明随骨灰存放的物品，并要求寄存人做出一旦上列物品损坏，殡仪馆不承担责任，上列物品丢失，殡仪馆承担有限责任的承诺。

第三种：骨灰发生霉变，骨灰盒破损、发生霉变。此类情况与遗体腐败引起的纠纷在性质上是相同的，都应在骨灰寄存合同上注明骨灰及骨灰盒的情况，并表明随着时间的推移，并非因殡仪馆故意或过失造成的骨灰及骨灰盒破损、霉变，殡仪馆不承担责任。

（4）遗体在殡仪馆存放期间发生腐败的法律后果是什么？如何防止此类纠纷？遗体在殡仪馆存放期间发生腐败或腐败加剧，近亲属可选择两种主张权利的方式：

第一种是依合同法主张赔偿。丧主将遗体交殡仪馆保管，双方形成的是合同法律关系，所以近亲属依合同法主张权利，从法律上而言是成立的。合同责任不包含精神损害赔偿，如果因为遗体腐败仅造成近亲属精神损害而没有造成其他损害的，近亲属的索赔难以达到目的。

第二种是依侵权法主张赔偿。侵权法支持精神损害赔偿。近亲属主张赔偿，需具备以下条件：一是腐败后果系殡仪馆的行为引起，两者之间有因果关系；二是殡仪馆的行为有过错。如果殡仪馆的行为没有过错，即使有损害后果，即遗体腐败的事实，殡仪馆也无须承担责任。

殡仪馆预防或应对这种问题，应从以下角度入手。

① 与近亲属书面确定接收遗体时，即存放之前遗体的现状。如果遗体在接收时已经出现腐败迹象，此时应该使用较详细的语言将腐败程度描述清楚，必要时可拍摄照片。

② 对遗体的相关信息，要尽可能地了解充分，如死亡时间，有时候死亡证明书上注明的死亡时间与真实的死亡时间可能不一致，尤其是意外死亡的遗体，这就要求殡仪馆工作人员在接收遗体时，要对近亲属进行必要的询问，目的是避免错误信息引起相关机构对遗体腐败归责时的误判。

③ 对于腐败风险和近亲属应配合的内容，尽可能做全面的告知，如提醒近亲属不要给遗体穿过多的衣服，建议近亲属选择最有效的防止腐败的保存方法，最重要的一点是告知家属，如果系设备本身的故障、非殡仪馆过错原因及遗体本身的特殊情况导致腐败或腐败加剧，殡仪馆不承担责任。这些告知都应是书面的，并要求近亲属签字确认。

④ 一旦受到投诉或被提起诉讼，殡仪馆应该努力证实遗体腐败并非自己的过错行为所引起。从理论上讲，所有遗体，无论采用多么先进的方法保存，最终都会腐败。只要证明自己没有过错行为，一般不会被判决承担责任。

四、处理殡仪事故

殡仪事故处理一般采用以下四种方式。

1. 和当事人协商

对于殡仪服务事故，首要的处理方式是选择协商。协商也称自力救济，包括自决与和解。它是指纠纷主体依靠自身力量解决纠纷，以达到维护自己权益的目的。和解是指双方互相妥协和让步，当事人在友好的基础上，通过相互协商解决纠纷，这是最佳的方式。

殡葬单位和当事人双方可就争议的问题提出自己的意见，展开辩论，提出解决问题的方式，如果能达成一致意见的，问题就能得到解决。

2. 请第三方调解

如果当事人不能协商一致，可以要求有关机构调解，例如，一方或双方是国有企业的，可以要求上级机关进行调解。上级机关应在平等的基础上，分清是非，并进行调解，而不能进行行政干预。当事人还可以要求合同管理机关、仲裁机构、法庭等进行调解。

调解是由第三者（调解机构或调解人）出面对纠纷的双方当事人进行调停说和，用一定的法律规范和道德规范劝导冲突双方，促使他们在互谅互让的基础上达成解决纠纷的协议。调解属于社会救济，它是依靠社会力量处理民事纠纷的一种机制。民间的调解协议不具有法律上的强制力，但具有合同意义上的效力。

人民法院也可以调解。调解时，要查明事实，分清是非，促使当事人互谅互让，在双方当事人自愿的基础上达成协议。调解达成协议的，应当制作调解书，由双方当事人、司法助理员署名并加盖基层人民政府印章。调解书自送达之日起生效，当事人应当履行。

3. 向法院提起诉讼

诉讼是指法院在当事人和其他诉讼参与人的参加下，以审理、判决、执行等方式解决纠纷的活动。诉讼表现为法院、当事人及其他诉讼参与人进行的各种诉讼活动。

根据《民间纠纷处理办法》，处理民间纠纷应当在受理后两个月内处理终结；特别复杂的，可以延长一个月。在纠纷处理过程中，对于双方当事人自行和解、申请人撤回申请或者一方当事人向人民法院提起诉讼的，应当终止处理。

4. 仲裁

当事人协商不成，不愿调解的，可根据合同中规定的仲裁条款或双方在纠纷发生后达成的仲裁协议向仲裁机构申请仲裁。

仲裁是由双方当事人选定的仲裁机构对纠纷进行审理并做出裁决。仲裁不同于调解，仲裁裁决对双方当事人有法律上的拘束力。但是，仲裁与调解一样，也是以双方当事人的自愿为前提条件的，只有纠纷的双方达成仲裁协议，一致同意将纠纷交付裁决，仲裁才能够开始。

复习思考题

1. **案例一　业务差错处理**：张某，男，61岁，因肝癌医治无效，于3月12日上午10:00死亡。中午11:30，家属打电话到殡仪馆预订了慈恩厅，约定下午2:00将遗体送往殡仪馆，家属在此守灵三天。下午1:30殡仪服务人员小李到慈恩厅做准备时，发现已经有一家人将遗体放在慈恩厅，并设置灵位，准备在此守灵。原来小李接到家属电话预订慈恩厅后就去吃饭了，忘了记录，也没有和当班的同事说，同事不知道慈恩厅已经有人预订，就将慈恩厅安排给刚来的另一家人。请你根据材料分析如何处理此次事件，小组讨论并写下处理步骤及注意事项。

2. **案例二　业务事故处理**：引导另一位家属来看慈恩厅，洽谈守灵事宜。张某，男，81岁，因肝癌医治无效，于8月23日上午10:00死亡，12:00送到殡仪馆放在单独的冰棺里冷藏。24日下午6:00，家属来看时闻到冰棺内散发出阵阵恶臭，经殡仪馆职工当场检查，发现冰棺一侧有漏缝，手指头都能伸进去，棺内遗体已经变形、变黑。逝者家属李某马上要求殡仪馆赔偿。请你根据材料分析如何处理此次事件，分析用哪种方法处理此次事件比较妥当。

PPT课件

参考文献

[1] 民政部职业技能鉴定中心. 殡仪服务员国家职业标准［M］. 北京：中国社会出版社，2006.
[2] 肖成龙. 殡仪服务员［M］. 北京：中国社会出版社，2006.
[3] 王夫子. 殡葬服务学［M］. 北京：中国社会出版社，2003.
[4] 民政部职业技能鉴定指导中心. 遗体接运工［M］. 北京：中国社会出版社，2006.
[5] 杨根来. 殡葬服务人员国家职业技能鉴定指导［M］. 北京：中国社会出版社，2012.
[6] 王夫子. 殡葬文化学：死亡文化的全方位解读（上）［M］. 北京：中国社会出版社，1998.
[7] 王夫子，郭灿辉. 殡葬礼仪实务［M］. 长沙：湖南人民出版社，2013.
[8] 张明亮. 殡仪服务标准问答［M］. 北京：中国社会出版社，2011.
[9] 王计生. 事死如生：殡葬伦理与中国文化［M］. 上海：百家出版社，2002.
[10] 杨晓勇，徐吉军. 中国殡葬史［M］. 北京：中国社会出版社，2008.
[11] 罗艳珠，王夫子，李雪峰. 殡葬心理学概论［M］. 北京：中央文献出版社，2007.
[12] 王宏阶，贺圣迪. 殡葬心理学［M］. 北京：中国社会出版社，2004.
[13] 路晓红，邓向东. 实用殡葬礼仪及哀祭文书［M］. 太原：山西科学技术出版社，2011.
[14] 朱金龙，吴满琳. 殡葬经济学［M］. 北京：中国社会出版社，2004.
[15] 肖成龙，杨根来，李玉华，等. 殡仪服务［M］. 北京：中国社会出版社，2009.
[16] 李健，赵小虎. 国外殡葬业概论［M］. 北京：中国社会出版社，2010.
[17] 王正辉，李亮. 殡葬传播学［M］. 北京：中国社会出版社，2008.
[18] 朱金龙. 殡仪学导论［M］. 北京：中国社会出版社，2008.
[19] 王治军. 殡葬的本质与殡葬服务. 社会福利（理论版）［J］. 2013（2）：18-21.